ROICツリーで読み解く経営戦略

野瀬義明 [編著]
Nose Yoshiaki

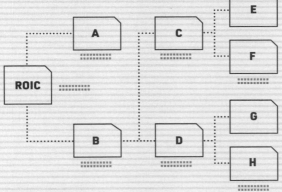

Understanding Business Strategy through the ROIC Tree

中央経済社

はしがき〜ROIC時代の到来〜

　近年，ROIC（Return On Invested Capital，投下資本利益率）という言葉を耳にする機会が増えています。企業の財務状況を理解しようとする際，さまざまな角度から多くの指標を分析することになりますが，ROICは企業の収益性を総合的に測定する指標として重要視されています。損益計算書と貸借対照表のデータを横断的に利用するためです。この点において，筆者（野瀬）はMBAの授業でROICを「総合指標」として位置付けています。

　従来から，総合的な収益性を示す指標としてROA（Return On Asset，総資産利益率）とROE（Return On Equity，自己資本利益率）が用いられてきました。ROICは，これらの指標に加えその利用範囲が拡大しています。図表０-１は，2002年以降の日経新聞におけるROA，ROE，ROICの登場件数を示しています。ROEの登場回数が最も多いことがわかります。ただし，

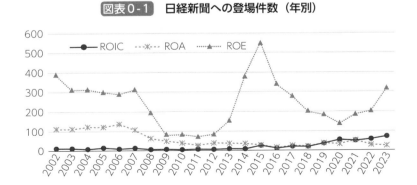

図表０-１　日経新聞への登場件数（年別）

2015年からはROICの件数が増加しており，一方でROAの登場頻度は減少傾向にあります。2020年にはROICとROAの順位が逆転しました。これは驚くべきことかもしれません。マスメディアから見るとROICはROAよりも話題性がある指標として捉えられていると解釈できるためです。

　実際に，ROICを経営目標として設定する企業が増加しています。筆者らが属する同志社大学が位置する京都においても，多くの企業がROICの活用を進めていることが見受けられます（図表0-2を参照）。2020年代の企業経営では，ROICがますます重要な役割を果たすようになっています。

図表0-2　**中期経営計画の目標数値としてROICを掲げる京都企業（一例）**

社名	経営計画	目標とするROIC
三洋化成工業	新中期経営計画2025	7％
村田製作所	中期方針2024	20％以上
オムロン	SF2030	2024年度 において10％超

（出所）　各社HPより筆者作成

　さて，ここまでお話したうえでお尋ねしますが，皆さんはご自身の会社のROICを計算できますか？　また，ROICとROA，ROEは何が異なるのでしょうか。計算されたROICを我々はどう解釈すればよいのでしょうか。筆者の印象では，多くのビジネスパーソンはROICという指標があることは知っています。しかし，この指標が意味するところや具体的な計算方法は知らないという方が多いのではないでしょうか。本書はそういった初学者の方に「ROICとは何ぞや」ということをまずはご理解いただくこと目的としています。加えて本書では，ROICをROICツリーとして活用することを強くお勧めしていきます。ROICはその指標自体意味を持ちますが，分解してツリー構造にしていくことでより一層有用となります。企業が打ち出す戦略の結果は，最終的に経営指標に表れます。ROICツリーを用い

ると，企業の戦略とその成果が，全体的かつ構造的に把握可能となるのです。

　ROICツリーの活用方法をより具体的に理解していただけるよう，本書では実際の企業を取り上げて分析を行っています。2章で近年話題のEV（電池自動車）メーカーであるテスラを取り上げます。同社の2022年度のROICは40％を超える驚異的な水準なのですが，何がこれをもたらしたのでしょうか。本書では日本が誇る巨人トヨタとの比較で検証を試みました。3章は京都が誇る製造業である村田製作所とニデックを比較します。両社は経営指標としてROICを採用していますが，ROIC向上に向けたアプローチには違いがあります。4章では企業の成長戦略としてM＆Aを積極活用するレゾナックと自社での展開を特徴とする信越化学工業とを比較してみました。5章は日本の老舗製造業のROICツリーがどのように見えるか，養命酒製造と森下仁丹に登場していただきます。

　ここまでは企業戦略のROICへの影響を純粋に分析した内容ですが，6章以降はやや目線を変えてROICツリーの有用性をご紹介していきます。6章では株主アクティビストが企業戦略に与えた影響をROICツリーにより間接的ではありますが分析しました。対象企業はシステムインテグレーターのアイネスです。同社の経営はアクティビスト・ファンドによって激しく揺さぶられたといわれています。7章では国際会計基準と国内会計基準との比較を行っています。会計基準の国際化が進展しており，巨大企業を中心に日本でも国際会計基準に基づく会計処理を行う企業が増えてきました。会計基準が異なると何がどうなるのかは，多くの方がわかっているようでわかっていない点かと思われます。本書では京都の代表的製薬業の1つである日本新薬のデータを用いて会計基準の違いがROICツリーに与える影響をご紹介します。8章は粉飾決算が与える影響です。世間を驚かせたカネボウの事例により粉飾前・粉飾後でROICツリーがどのよう

に変化するかを見ていきます。

　以上のような構成で本書は進んでいきますが，1点重要な点を申し上げますと，これからご紹介する内容はすべて公開情報に基づきます。すなわち財務諸表が開示される上場企業であれば誰でも同様の分析ができるということです。未上場企業であっても自社の決算書であれば手に入るに違いありません。本書のもう1つのメッセージは「ROICツリーは誰でも作れる」です。読者の皆さんの中には，ROICツリーなんて会計士さんや税理士さんが作るものと思っておられる方がいるかもしれませんが，本書を通じて自ら分析を行う人が一人でも増えれば，それは望外の喜びです。ぜひROICツリーを身近なツールとして使いこなしていきましょう。

2025年1月

野瀬　義明

目　次

はしがき〜 ROIC時代の到来〜／ i

1章 ROICとは　　　1

1.1 ROICとは ……………………………………………………… 3
1.2 ROICツリーの読み方 ………………………………………… 6
1.3 ROICツリーの書き方 ………………………………………… 11

2章 テスラの高ROICの秘密に迫る　　　19

2.1 テスラとトヨタのROICツリーを見比べる ………………… 21
2.2 何が収益性の違いをもたらしているか ……………………… 25
2.3 テスラの高い投下資本回転率の秘密に迫る ………………… 27
2.4 ROICツリーが示すテスラの強み …………………………… 32

3章 村田製作所とニデックのROIC向上策　　　33

3.1 村田製作所とニデックの概要 ………………………………… 35
3.2 会計基準が異なる２社 ………………………………………… 37
3.3 損益を改善させた村田製作所 ………………………………… 38
3.4 投下資本の高回転で踏みとどまるニデック ………………… 40

II

4章 自社事業に集中投資する信越化学工業とM&Aで事業ポートフォリオ変更に挑むレゾナック 47

4.1	日本の化学工業の現状と課題 49
4.2	信越化学とレゾナックのROICを比較する 52
4.3	信越化学の売上高営業利益率が上昇する理由 54
4.4	レゾナックのROICが大きく変動した理由 57
4.5	M&AがROICに与える影響 60
4.6	半導体産業を支える企業として 64

5章 老舗企業のROICツリー 69

5.1	日本の老舗企業，養命酒製造と森下仁丹 71
5.2	逆転したROIC 73
5.3	投下資本回転率の変遷 76
5.4	養命酒製造の「投資その他の資産回転率」からROICの改善策を考える 77
5.5	森下仁丹の「投資その他の資産」からROICの改善策を考える 83

6章 アクティビスト・ファンドとROICツリー 89

6.1	日本のアクティビスト・ファンド 91
6.2	ストラテジック・キャピタルの株主アクティビズム 93
6.3	アクティビスト投資直前のアイネス 94
6.4	アクティビスト投資後のアイネス 99

目 次　III

7章　国際会計基準とROIC　109

7.1 IFRSの概要と国内会計基準との違い……………………… 111

7.2 IFRS導入のROICへの影響…………………………………… 115

7.3 損益計算書の相違点………………………………………… 116

7.4 貸借対照表の相違点………………………………………… 119

7.5 日本新薬のROICツリー……………………………………… 122

8章　粉飾決算がROICツリーにもたらす影響　125

8.1 長期間，粉飾によりゆがめられていた決算……………… 127

8.2 ROICから紐解く粉飾決算…………………………………… 128

8.3 粉飾発見ツールとしてのROICツリー……………………… 132

あとがき／135

参考文献／137

索　　引／141

1章

ROICとは

1.1 ROICとは

　ROICは一言でいうと「利益を投下資本で割った」指標です。企業が投下した資本からどの程度の利益を得たかを見ています。単位は％になります。ただし，ここからが難問です。第一に何の利益か？という問題があります。

　日本の会計基準の損益計算書を見ると，５つの利益があります。それぞれ売上総利益，営業利益，経常利益，税金等調整前（税引前）当期純利益，当期純利益です。筆者は損益計算書を解釈する際，利益を企業が取り巻くステークホルダーに対して順番に責任を果たしていった後の残余であると捉えています。図表１－１をご覧いただきたいのですが，まず売上から仕入先へ責任を果たした（すなわち仕入代金を払った）後の利益が売上総利益です。次に販売員に責任を果たした（給料を払った）後の利益が営業利益になります。続いて銀行に責任を果たし（金利を払い）経常利益が残ります。さらに特別損益を考慮した税引前当期純利益を計算し，そこが黒字であれば政府に責任（税金）を果たします。残った利益が（税引後）当期純利益です。原則として，当期純利益が黒字になってようやく株主は配当を受けることができます。

　では，ROICで用いる利益は何でしょうか。最初にお断りしておくとROIC（ROEやROAも同様ですが）で，絶対にこの利益を用いなければならないというルールはありません。ただし，各社のIR資料などを見ていると利用頻度の高い利益があります。それは「税引後営業利益（net operation profit after tax）」です。これは損益計算書に載っていない第６の利益です。それがROICでは用いられるのですが，これには理由があります。ROICは投下資本に対する利益と申しましたが，誰が資金を投下している

かというと債権者（銀行など）と株主です。よってROICでは「債権者と株主に残される利益」という目線で指標を構成すると，分子と分母の関係が整合するのです。具体的には，取引先と従業員への責任を果たした後の営業利益から，政府への責任である税金を引いた，税引後営業利益が，資金提供者に残る利益と考えます。

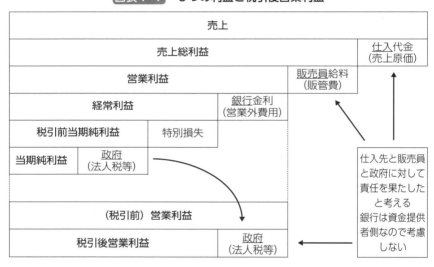

図表1-1　5つの利益と税引後営業利益

続いてROICの分母です。ROICの分母は「投下資本」ですが，なんとこれも貸借対照表には存在しない科目なのです。ではどう計算するのか，一般に2つの方法が用いられます。理解しやすいのが第1の方法，貸借対照表の左側（資産の部）を用いる方法かもしれません。第1の方法では「投下資本＝固定資産＋運転資本」と定義されることが多いです。そして「運転資本＝売上債権＋棚卸資産－仕入債務」です。この方法では企業が持つ固定資産は，すべてもれなく事業に投下されているという前提となります。

企業は調達したお金で事業を行うためのさまざまな固定資産をそろえます。工場の土地，社屋，機械，営業車などを想像するとわかりやすいです。また，多くのビジネスは即金で行われているわけではありません。在庫も必要とします。このための運転資本が不可欠です。第1の方法では，これら固定資産や運転資本をビジネスに投下されている資本（投下資本）だと考えます。

第2の方法は貸借対照表の右側（負債・純資産の部）を用います。定義は「投下資本＝純資産＋有利子負債」です。第2の方法では，固定資産や運転資本に充てるお金をどうやって工面したかで考えていきます。企業はまずオーナーが手ガネを出資して設立します。出資されたおカネは資本金など純資産の項目として記帳されます。このとき貸借対照表の左側は現預金です。続いて経営者（＝オーナーであることが多い）はその資金を使って事業に使う固定資産を買ったり作ったりしていきます。このとき，必要資金が純資産の範囲内で収まり，それでビジネスが回れば他に何もしなくて良いのですが，そうはいきません。普通は追加の設備が必要となったり，

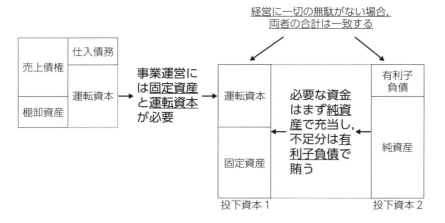

図表1-2　2つの投下資本

運転資金が増えてきておカネが足りなくなっていくでしょう。このとき経営者はどうするか。おそらく銀行から必要な金額の融資を受けるでしょう。つまり第2の方法では，企業はまず純資産から事業に投下し，足りなくなった分は融資を受けて会社を回していると考えるのです（図表1-2）。

1.2　ROICツリーの読み方

　この章ではいよいよROICツリーの読み解き方について学んでいきます。一瞬だけページを先送りしていただき次章にある図表2-2をご覧いただきたいと思います。これが典型的なROICツリーです。実はROIC同様にROICツリーにもこれが絶対！と統一された形があるわけではありません。分析する人の目的や手に入るデータによってROICツリーはしばしば異なります。本書では公開データで作成できる最も汎用的と思えるバージョンをご紹介します。ツリーは左上からから右下に流れるイメージで読んでいきます。左上はROICです。繰り返しになりますが，計算式は「税引後営業利益÷投下資本」です。分子が利益であることから，数値は高いほど良いという評価になります。なお，ROICは百分率％で表記されるため，厳密には「税引後営業利益÷投下資本×100」なのですが，表記をシンプルにする目的から「×100」は省略します。百分率％のデータは×100されているとご承知おきください。

図表1-3　ROICと税引前ROIC

ROICは税引前ROICと営業利益に対する税率（実効税率）に2分されます（図表1-3）。税引前ROICは「営業利益÷投下資本」で計算します。これも高いほど良い指標です。営業利益に対する実効税率は計算上「税金の額÷営業利益」で求められます。ただし，実際のところ税金は営業利益に課されるわけではありません（税引前当期純利益にかかります）。また，企業の一社員が，会社の払う税金を制御することは不可能ではないでしょうが非常に難しいです。筆者は10年ほど前までは営業マンでした。上司から「新規契約を取ってこい」と指示されれば，何とか対策を立てられたかもしれませんが，「節税しろ」と指示されても何をどうすれば良いかわからなかったでしょう（新規契約も十分にキツイですが）。すなわち，営業利益に対する実効税率という指標はCEOやCFOのような限られた経営トップ層にのみ求められるKPIといえます。そこで本書では，会社が払う税金を考慮しない「税引前ROIC」を実質的なスタート点としてROICツリーを構築することとします。

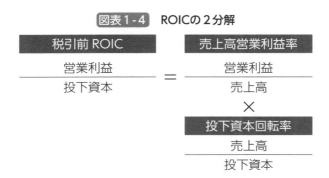

図表1-4　ROICの2分解

　税引前ROICは売上高営業利益率と投下資本回転率に2分されます（図表1-4）。売上高営業利益率は売上に対する利益率です。高いほど高評価で，例えば商品・サービスが高く売れるか安く作ることで数値は上がりま

す。投下資本回転率は，売上を投下資本で割ったものです。投下した資本を活用してどれだけの売上をあげたかを見ており，これも高い方がまずは良好といえます。逆にいうと，ROICは売上高営業利益率と投下資本回転率の掛け算で算出できるのです。

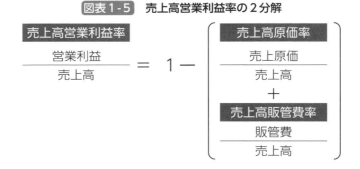

図表1-5　売上高営業利益率の2分解

売上高営業利益率は，売上高原価率と売上高販管費率に分解します（図表1-5）。モノづくり企業であれば，コストはモノを「作るためのコスト」と，それを「売るためのコスト」に大別できます。概ね前者は損益計算書の売上原価に，後者は販売費・一般管理費（販管費）に計上されます。コストを2分解することで，売上営業利益率の変動が原価によるものか，

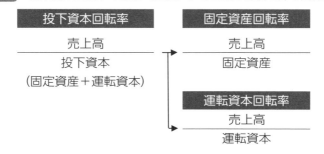

図表1-6　投下資本回転率の分解（逆数にすると足し算引き算の関係となる）

販管費によるものかがわかるわけです。

投下資本回転率に移ります。投下資本回転率は固定資産回転率と運転資本回転率に分かれます（図表1-6）。投下資本＝固定資産＋運転資本であるためです。ここでの分解は分母が2分されているため単純に足し算引き算という関係にはなりません。それぞれを逆数にすると足し算引き算で計算できるようになります。固定資産も運転資本も分母を構成するため、固定資産・運転資本が減ると固定資産回転率・運転資本回転率が上昇し、投下資本回転率にもプラスの影響を与えます。この分解により、ある会社で投下資本回転率が上昇している場合、それが固定資産に起因するか、運転資本に起因するかが明らかとなります。

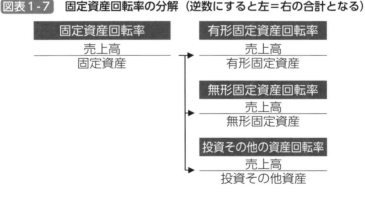

図表1-7　固定資産回転率の分解（逆数にすると左＝右の合計となる）

固定資産回転率は有形固定資産回転率、無形固定資産回転率、投資その他の資産回転率に分解します（図表1-7）。こちらも単純な足し算の関係とするためには逆数とする必要があります。いずれの回転率も売上高が分子であるため、高ければ高いほどその資産を使ってより多く売上を得ていると解釈できます。

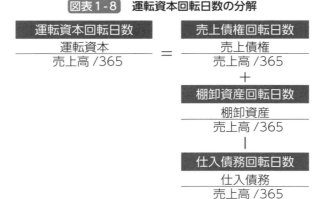

　最後に運転資本回転日数（図表1-8）です。運転資本は運転資金とも言います。まず本書における運転資本は次のように定義されています。

運転資本＝売上債権＋棚卸資産－仕入債務

です。運転資本という言葉を聞いたことがある方は多いと思いますが，なかなか理解が難しい用語です。決まった定義はなく財務諸表にも載っていません。上記の式はよく見かける定義を示しました。

　それぞれの要素のうち棚卸資産（在庫）が最も説明しやすいため，まず取り上げたいと思います。皆さんが素敵な雑貨店を開店するとしましょう。オープンにあたり皆さんがすべきことはお店に商品を並べることです（受注生産型の超高級品店は例外です）。そして店頭に並べる商品を仕入れるためにはおカネが必要です。この先立つおカネが運転資本なのです。売上債権も同様に考えていきます。あるお客さんが，開店日にいきなりお店の商品を全部買ってくれたとしましょう。ただし支払いは年末一括払いとなりました。売り切れはうれしいのですが，明日から売るものがありません。あなたは再び商品を仕入れなければなりません。そのために必要なおカネ

が運転資金です。

　続いて仕入債務について考えます。あなたのお店が取引実績を重ね仕入先から十分な信用を得ている状況を想像してください。取引先は仕入れた商品の支払いは「月末一括払いでOK」と言ってくれました。この場合，商品は既にお店に並んでいるためそれを売ると現金を得ることができる一方，支払いは後になっても大丈夫なため，決済日までの間手元におカネが残ることとなります。つまり買入債務は運転資本を減らす効果があるのです。

　本書はキャッシュフロー経営の専門書ではありませんので説明はこのあたりにとどめますが，運転資本はROICの分母である投下資本の構成要素であるので，この金額が減るとROICは上がります。各構成要素でいうと，売上債権は「減らす」，棚卸資産は「減らす」（「在庫」は「罪子」といいますね），仕入債務は「増やす」ことが，ROICの向上につながります。ところで，運転資本は一日当たり売上で除した日数で計算されることが一般的です。そこで本書でもそれぞれを一日当たりの売上で除した回転日数で表現することとしました。

1.3　ROICツリーの書き方

　それでは実際にROICツリーを作成してみましょう。図表1-9はある会社の貸借対照表と損益計算書を示します。上が貸借対照表，下が損益計算書です。作成するのは2023年3月期の実績値です。ROICツリーを作成する前に注意点があります。税引前ROICは前述のとおり営業利益を投下資本で割って求めます。このとき営業利益は損益計算書から，投下資本は貸借対照表から転記するわけですが，実は損益計算書と貸借対照表は時間軸

| 図表1-9 | サンプル企業の貸借対照表と損益計算書 | | | | | | | |

	2022年3月期	2023年3月期	期首期末平均		2022年3月期	2023年3月期	期首期末平均
流動資産	179	177	178	流動負債	72	80	76
売上債権	43	45 ①	44	仕入債務	32	36 ⑨	34
棚卸資産	28	32 ②	30	短期借入金	0	0 ⑩	0
その他流動資産	108	100	104	その他流動負債	40	44	42
固定資産	178	192 ③	185	固定負債	44	46	45
有形固定資産	101	111 ④	106	長期借入金	1	1 ⑪	1
無形固定資産	16	22 ⑤	19	社債	30	30 ⑫	30
投資その他の資産	61	59 ⑦	60	その他固定負債	13	15	14
				負債の部	116	126	121
				純資産の部	241	245 ⑬	243
資産合計	357	369 ⑧	363	負債・純資産合計	357	371	364

		2023年3月期
売上高	⑭	304
売上原価	⑮	193
売上総利益		111
販売費及び一般管理費	⑯	98
営業利益	⑰	13

にねじれがあります。具体的には，損益計算書は期初（今回の場合2022年4月1日）から期末（2023年3月31日）までの1年間の集計値である一方，

| 図表1-10 | ROICの分解 |

貸借対照表データは期末日（2023年3月31日）時点の一瞬をとらえた値になります。よって，損益計算書と貸借対照表の両方を用いる分析を行う際，貸借対照表は前年度末のデータとの平均値（期首期末平均）を用いることが一般的です。本書でもまず貸借対照表の各データは2022年度3月期と2023年3月期を足して2で割った期首期末平均値を求めます。

　さて準備が整ったところで計算を始めましょう（図表1-10）。まず，A社の税引前ROICは5.8％です。営業利益13を投下資本の期首期末平均225で割って求めます。投下資本は前述のとおり，固定資産＋運転資本で求めることができ，運転資本は売上債権＋棚卸資産−仕入債務で求めることができます。分母と分子それぞれに売上を挿みこむことで，税引前ROICは売上高営業利益率と投下資本回転率に分解できます。それぞれ4.3％と1.35回です。逆に両指標を掛け算すると4.3％×1.35回＝5.8％と税引前ROICに戻ります。

図表1-11　売上高営業利益率の分解

売上高営業利益率　4.3％	売上高原価率　63.5％
営業利益⑰ / 売上高⑭	売上原価⑮ / 売上高⑭
13 / 304	193 / 304

	売上高販管費率　32.2％
	販売費及び一般管理費⑯ / 売上高⑭
	98 / 304

　売上高営業利益率は売上高原価率と売上高販管費率に2分します（図表1-11）。この場合の3者の関係性は足し算引き算です。すなわち，売上高営業利益率4.3％＝100％−（売上高原価率63.5％＋売上高販管費率32.2％）と計算されます。

図表1-12 投下資本回転率の分解

投下資本回転率　1.35回
$\dfrac{売上高⑭}{投下資本}$
$\dfrac{304}{225}$

固定資産回転率　1.64回
$\dfrac{売上高⑭}{固定資産③}$
$\dfrac{304}{185}$

運転資本回転日数　48.0日
$\dfrac{①売上債権＋②棚卸資産－⑨仕入債務}{日次売上高＝売上高⑭/365}$
$\dfrac{40=44+30-34}{0.833=304/365}$

　投下資本回転率は固定資産回転率と運転資本回転日数に分解します（図表1-12）。運転資本は売上高を分子とする「回転率」で求める場合もあり

図表1-13 固定資産回転率の分解

固定資産回転率　1.64回
$\dfrac{売上高⑭}{固定資産③}$
$\dfrac{304}{185}$

有形固定資産回転率　2.87回
$\dfrac{売上高⑭}{有形固定資産④}$
$\dfrac{304}{106}$

無形固定資産回転率　16回
$\dfrac{売上高⑭}{無形固定資産⑤}$
$\dfrac{304}{19}$

投資その他の資産回転率　5.1回
$\dfrac{売上高⑭}{投資その他の資産⑦}$
$\dfrac{304}{60}$

ますが，多くの実務の現場ではそれぞれの科目で日数換算されているのではないでしょうか。そこで本書でも運転資本は回転日数を求めることとしています。もし回転率で求めたい場合は，売上高を年次とし（365日では割らない），分母と分子を逆転させれば算出できます。

　運転資本を日数としたため，ツリーのこの部分は単純な加減乗除で線をつなぐことはできません。ただし，大原則としてそれぞれ回転率と呼んでいるものは投下した資産・資本でいかに売上高を計上したかをみており，数値が高いほど効率的だと判定します。また運転資本額が少ない（運転資本回転日数が短い）ほど投下する資本が少なくて済んでいるため良好だと判断します。ぜひ数値の大小から良し悪しをつかめるようになりましょう。

　固定資産回転率は，有形固定資産回転率，無形固定資産回転率，投資その他の資産回転率に分解します（図表1-13）。いずれの指標も分子は売上

図表1-14 運転資本回転日数の分解

運転資本回転日数　48.0日
①売上債権＋②棚卸資産－⑨仕入債務
日次売上高⑭/365
40＝44＋30-34
0.833＝304/365

売上債権回転日数　52.8日
①売上債権
日次売上高⑭/365
44
0.833＝304/365

棚卸資産回転日数　36.0日
②棚卸資産
日次売上高⑭/365
30
0.833＝304/365

仕入債務回転日数　40.8日
⑨仕入債務
日次売上高⑭/365
34
0.833＝304/365

高です。そして分子の固定資産がそれぞれの3科目に細分化されています。よって少々難しいですが，固定資産回転率と細分化された3指標は逆数にすると足し算の関係にあります。ただ，分母の数が増えれば（資産が増えれば）回転率は下がる，逆に分母の数が減れば（資産が減れば）回転率が上がる（＝効率的となる）とまずは理解しておくと良いでしょう。

　最後に運転資本回転日数を分解していきます（図表1-14）。運転資本回転日数はそれぞれ計算要素である，売上債権，棚卸資産，仕入債務の回転日数に分けられます。A社の場合，売上債権回転日数は52.8日，棚卸資産回転日数は36.0日，仕入債務回転日数は40.8日となります。それぞれの関係は，運転資本回転日数＝売上債権回転日数＋棚卸資産回転日数－仕入債務回転日数，です。売上債権と棚卸資産の回転日数が増えると運転資本は増加し，ROICは下がります。逆に買入債務が増えると運転資本を減らしますので，ROICを上げる方向に作用します。

　いかがでしょうか。一見とっつきにくいROICツリーですが，基本的には貸借対照表と損益計算書の数値を使って作成することができます。そして線で結ばれた指標はそれぞれに関連性があり，何らかの形でROICに影響を及ぼしていることをご理解いただけたでしょうか。言い方を変えると，ROICの増減は枝分かれする各指標の影響を受けており，ROICの向上には1つひとつの細かな指標の地道な改善が不可欠なのです。

　さて，ここでは投下資本を「固定資産＋運転資本」という貸借対照表の左側の観点から定義しましたが，投下資本は貸借対照表の右側の要素からでも計算可能でした。以下に投下資本をそれぞれの基準で計算したROICを示しますが，実のところ数値は一致しません。もし企業が無駄な資産を一切保有せず，必要な資産のみで事業を運営している場合，理論的に両者は一致します。しかしながら，余剰な資産や純資産，余剰な借入金が全くゼロの企業などこの世に存在しないでしょう。このため，皆さんが分析す

るすべての企業で，左基準の投下資本と右基準の投下資本は異なる数値に
なることを知っておきましょう。ROICは有益な指標ですが，不完全さも
持ち合わせているのです。

税引前ROIC左基準　　＝営業利益÷投下資本
　　　　　　　　　　　＝営業利益⑰÷（固定資産③＋売上債権①
　　　　　　　　　　　　＋棚卸資産②－仕入債務⑨）
　　5.8%　＝13÷（185＋44＋30－34）

税引前ROIC右基準　　＝営業利益÷（有利子負債＋純資産）
　　　　　　　　　　　＝営業利益⑰÷（短期借入金⑩＋長期借入金⑪
　　　　　　　　　　　　＋社債⑫＋純資産⑬）
　　4.7%　＝13÷（0＋1＋30＋243）

2章

テスラの高ROICの秘密に迫る

2.1　テスラとトヨタのROICツリーを見比べる

　2023年の現在，米テスラの勢いが止まりません。同社は2003年に創業し，2010年にナスダック市場に上場しています（図表2-1）。つまり今世紀になって誕生した新興企業なのですが，2020年に株式時価総額でトヨタを上回り，2023年時点では約110兆円と3倍近い差を付けています。利益額についても，2022年7～9月期の連結純利益が円換算で4,542億円となり，トヨタ自動車(4,342億円)を初めて上回りました。このような大躍進は何によってもたらされたのでしょうか。ROICツリーを描くとその一端が見えてきます。

　そこで本章では，テスラとトヨタ自動車のROICツリーを比較することで，テスラの強さの秘密について考えていきます。図表2-2ではまず両社のROICツリーの全体像を示します。なお，本章以降で取り扱うROICはすべて税引前ROICですが，本文中では簡略化してROICと表記しています。

図表2-1　テスラとトヨタの会社概要

企業名	Tesla, Inc.
設立	2003年7月
上場	2010年6月
業種名	自動車・自動車部品
本社	1 Tesla Road Austin, 78725 United States
従業員数（2023年12月期）	140,473名
売上（2023年12月期）	96,773百万ドル

（出所）　米国会社四季報 2024年春夏号

企業名	トヨタ自動車株式会社
設立	1937年8月
上場	1949年5月
業種名	輸送用機器
本社	愛知県豊田市トヨタ町1
従業員数（2024年3月）	380,793名（連結）
売上（2024年3月期）	45兆953億円（連結）

（出所）　会社四季報 2024年夏号

図表 2-2 テスラとトヨタのROICツリー

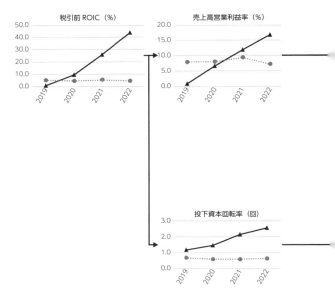

(注) テスラは米国会計基準，トヨタはIFRSであるため厳密にはそのまま比較できない点に注意。トヨタが2019年度米国会計基準からIFRSへと移行した際の最大の変化は，使用権資産（リース資産）が約3,700億円，無形資産が約6,100億円，貸借対照表に計上された点。これらが無形固定資産回転率，その他資産回転率，固定資産回転率へ影響を与え，移行前に比べ投下資本回転率は0.02回ほど低下している。ただし違いは無視できる程度と判断できる。

2章 テスラの高ROICの秘密に迫る 23

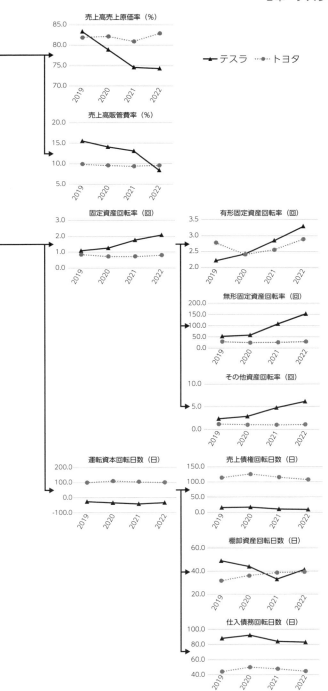

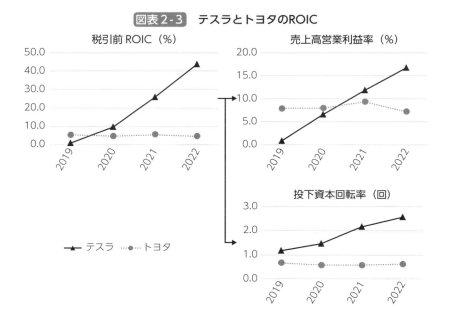

図表2-3 テスラとトヨタのROIC

2022年度

	税引前ROIC		売上高営業利益率		投下資本回転率
テスラ	44.2%	=	17.0%	×	2.60
トヨタ	5.5%	=	7.3%	×	0.75

　図表2-2では細かすぎて，何が何だかわからないと思います。よって個々のパーツ別で確認していきましょう。図表2-3をご覧ください。2022年度のテスラのROICは44.2％，対するトヨタのROICは5.5％です。テスラの営業利益が黒字に転換したのは2019年度ですが，以後急激に収益性が高まっています。また，2022年度のテスラのROICを売上高営業利益率と投下資本回転率に分解すると，売上高営業利益率は17％，投下資本回転率は2.6回と，トヨタを大きく上回っていることがわかります。同年度のテスラの営業利益率はトヨタの2倍強で，投下資本回転率に至っては約3.5倍でした。この掛け算でトヨタの8倍のROIC，つまり投下資本に対するリ

ターンが8倍であることがわかります。

2.2 何が収益性の違いをもたらしているか

続いて売上高営業利益率を分解していきましょう（図表2-4）。

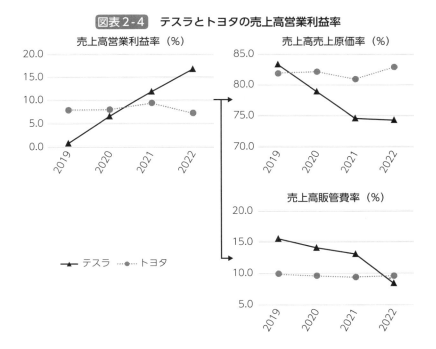

図表2-4 テスラとトヨタの売上高営業利益率

2022年度

	売上高営業利益率			売上高原価率		売上高販管費率	
テスラ	17.0%	=	1 −（	74.4%	+	8.6%	）
トヨタ	7.3%	=	1 −（	83.0%	+	9.7%	）

（注）トヨタの「金融事業に係る金融費用」は売上原価に含まれる

テスラの17.0％という数値はトヨタ比8.6ポイント低い売上原価率と，1.1ポイント低い販管費率の双方からもたらされています。日本に上場する輸送用機器製造業の売上高原価率の中央値は85％です。トヨタの売上高原価率は日本企業と比べると優れていますが，テスラはさらに上をいっています。同じく販管費率を集計したところ同業の中央値は11.2％でした（筆者調べ2022年度）。

売上高原価率を下げる方法は「売上高を上げる」か「原価額を下げる」かの大きく２択です。テスラがユニークといえる特徴の１つは，小売価格を小刻みに変動させる点です。近年，世界的にはインフレや資源高が続き，どの企業もコストアップ分を価格転嫁することに苦心しています。トヨタも例外ではありません。一方で，テスラにおいては，時期によってはほぼ「日替わり」で販売価格が変動することもありました（2022/4/4付け日経新聞）。このような販売方法は前代未聞といって良いのではないでしょうか。テスラ車の販売はオンラインと直営店舗のみでの取り扱いとなっており，このためテスラ主導で意志決定しやすいのだと思われます。

売上高原価率を下げるもう１つの方法は「原価額を下げる」です。この点でもテスラは革新的な取り組みがみられます。同社の「ギガキャスティング」では自動車の大型部品を１度のプレスで成形することができます。その部品はこれまで70のパーツで構成されていたそうです。また，車内での電源供給や信号通信に用いられるハーネスという部品は，従来の約30分の１まで短縮されました（2023/8/31付け日経新聞）。これまでEVは電池の価格が高すぎて普及しないという声が多数でした。これに対し，テスラはパナソニックから電池製造の技術を学びとることで，自社のギガファクトリーで内製化することに成功したようです。

2.3 テスラの高い投下資本回転率の秘密に迫る

続いて、投下資本回転率を見てみましょう（図表2-5）。

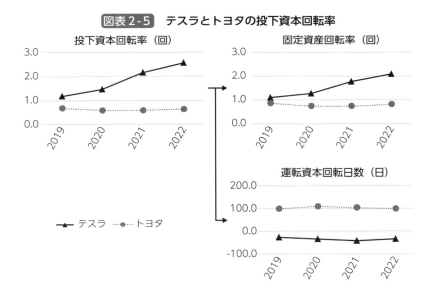

図表2-5 テスラとトヨタの投下資本回転率

2022年度

	投下資本回転率		固定資産回転率		運転資本回転日数
テスラ	2.60	＝	2.13	と	-31
トヨタ	0.75	＝	0.81	と	103

（注）運転資本回転日数はマイナスの方が良好

　テスラの投下資本回転率は2.6回。トヨタ（0.75回）の約3.5倍です。テスラは投下したお金でトヨタの3倍以上の売上を稼ぎ出しているわけですから、大変効率的だといえます。では、何が効率的なのでしょうか。固定資産回転率と運転資本回転日数に分解してみます。まず、固定資産の回転率

が優れています。テスラの投下資本回転率は2017年度を底に急上昇を始めます。この要因は固定資産規模に比しての売上高の急増です。

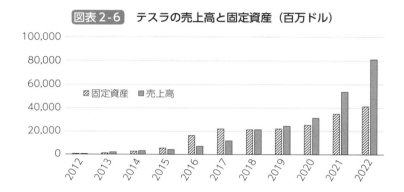

図表2-6　テスラの売上高と固定資産（百万ドル）

　図表2-6を見ると、テスラの固定資産は2017年度から4年間横ばいとなります。2017年1月には6,000億円をかけて建設した米ネバダ州の「ギガファクトリー」が稼働を始めています。先行する設備投資が一服し、一気に回収モードとなったと推測できます。
　では、固定資産の何が効率化したのか？というと、まず有形固定資産の回転率はテスラの方が0.4回ほど大きいものの、極端に優れているわけではありません（図表2-7）。テスラのギガファクトリーをもってしても大差は付けられない。さすが世界のトヨタといえるのかもしれません。
　一方で、無形固定資産回転率、投資その他の資産回転率は大きな差があります。無形固定資産は全体に占める金額が少ないので投資その他の資産に着目すると、トヨタの大きさが目立ちます（図表2-8）。トヨタの投資その他の資産（34兆円）のおよそ半分（16兆円）は金融事業の債権でした。これは自動車の自社ローンとみられ良し悪しの解釈が難しいところです。本書では割愛しますが、金融事業の損益は有価証券報告書のセグメント

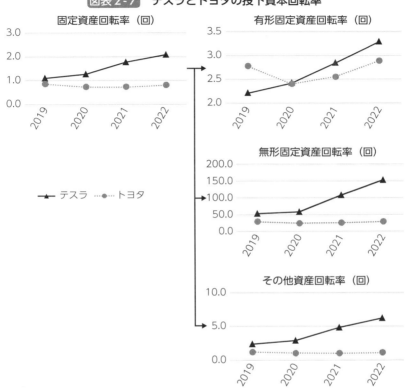

図表2-7 テスラとトヨタの投下資本回転率

2022年度

	固定資産回転率		有形固定資産回転率		無形固定資産回転率		投資その他の資産回転率
テスラ	2.1	=	3.3	と	155.2	と	6.3
トヨタ	0.8	=	2.9	と	30.4	と	1.2

(注) 逆数にすると右辺の和が左辺となる

データから分析できますので、ご関心のある方はぜひ分析してみてください。一方、残りのうち15兆円は事業への投資と見られますが、それぞれの投資が売上に結びついているかは精査が必要と思われます。

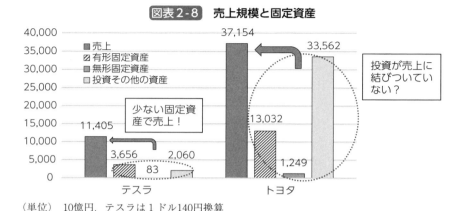

図表2-8　売上規模と固定資産

（単位）　10億円．テスラは1ドル140円換算

　最後に運転資本です。テスラの運転資本回転日数はマイナス31日です（図表2-9）。これは自動車メーカーとしては驚異的です。構成要素をみると，棚卸資産はテスラが41.7日，トヨタが39.7日で2日分ほどトヨタがリードしています。これもさすがにトヨタのジャスト・イン・タイム生産システム！といえるかもしれませんが，一方で設立20年のテスラが世界のお手本とされるトヨタにほぼ並んでいる点に驚くべきかもしれません。一方で，売上債権回転日数はたったの10.9日です。テスラの受注はオンラインで行われており，車種も少ないことから「受注生産に近く，作る前から手元にキャッシュがある状態」（2022/6/23付け日経新聞）とのことです。一方で，仕入債務の回転日数は83.5日でトヨタの倍近く，取引先泣かせの企業であることがうかがえます。通常，運転資本がマイナスというと，コンビニエンスストアやドラッグストアのような，個人向けの現金商売企業が連想されますが，テスラは自動車販売を「コンビニ化」してしまったといえるのかもしれません。

2章 テスラの高ROICの秘密に迫る 31

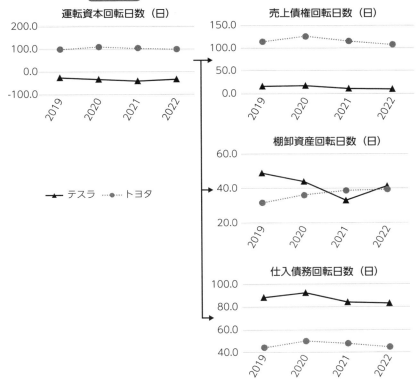

図表 2-9 テスラとトヨタの運転資本回転日数

2022年度

	運転資産回転日数		売上債権回転日数		棚卸資産回転日数		仕入債務回転日数
テスラ	-31.0	=	10.9	+	41.7	−	83.5
トヨタ	103.1	=	109.0	+	39.7	−	45.6

2.4　ROICツリーが示すテスラの強み

以上から，テスラの40%超という高ROICは主に

- 柔軟な価格設定による高収益体質
- ギガファクトリーによる低コスト生産
- 無駄な投資がない
- 驚異のマイナス運転資本

という4要素によって達成されていると分析できました。ROICツリーを使えば，一見ではわからない収益の要因を細分化して把握することができます。今後も同社が成長を維持し続けられるかはわかりませんが，さまざまな革新を見せてくれた企業だけに，目が離せません。

3 章

村田製作所と
ニデックのROIC向上策

3.1 村田製作所とニデックの概要

　村田製作所とニデック（旧日本電産）は，電子部品業界において日本を代表する大手企業であり，両社が持続的な成長を実現している要因はいくつかあるはずです。実は，両社は経営指標としてROICを採用しています。ROICツリー分析を用いると，村田製作所とニデックのROIC向上に向けたアプローチには違いがあることが明らかになります。

　村田製作所の会社概要は以下のとおりです（図表3-1）。

図表3-1 村田製作所の会社概要

企業名	株式会社村田製作所
設立	1950年12月
上場	1963年3月
業種名	電気機器
本社	京都府長岡京市東神足1-10-1
従業員数（2024年3月）	73,165名（連結）
売上（2024年3月期）	1兆6,401億円（連結）

（出所）　会社四季報 2024年夏号

　主たる事業は「電子部品並びにその関連製品の開発及び製造販売」であり，コンポーネント，デバイス・モジュールおよびその他の3つの事業別セグメントを有します。「独自の製品を供給して文化の発展に貢献する」という中核的な社是に基づき，経営が実践されています。スローガンは「Innovator in Electronics」です。主体的に価値を創造するために，価値提供の軸を「お客様に対するイノベーション」だけでなく，「社会課題に対するイノベーション」へと拡大することが重要とされ，この考えのもと価値創造プロセスが，サステナビリティの視点を取り入れた新しいシナリオ

へと進化しています。具体的には，「CSとES（Customer SatisfactionとEmployee Satisfaction）」を原動力に，「先を読む力」，「ニーズをカタチにする力」，「価値を届ける力」という３つのコア・コンピタンスを相互に結びつけ，総合力を発揮し，社会価値と経済価値の良い循環を生み出すことで，豊かな社会の実現に貢献していくことを目指しています（同社の有価証券報告書より）。

　続いて，ニデックの会社概要は以下のとおりです（図表３-２）。

図表３-２　ニデックの会社概要

企業名	ニデック株式会社
設立	1973年7月
上場	1988年11月
業種名	電気機器
本社	京都市南区久世殿城町338
従業員数（2024年3月）	101,112名（連結）
売上（2024年3月期）	2兆3,471億円（連結）

（出所）　会社四季報 2024年夏号

　有価証券報告書によると同社は「精密小型モータ，車載用製品，家電・商業・産業用製品，機器装置，電子・光学部品等の製造・販売」を主な事業内容としています。精密小型から超大型までの幅広いラインナップを誇るモータ事業を中心に，「回るもの，動くもの」に特化したモータの応用製品やソリューションも手がけています。また，M&Aを通じた事業拡大を強みとし，モータ事業に関連する会社の買収を積極的に行ってきました。多様な視点から技術を捉え，複数の要素技術を組み合わせた独自のシステムや，ソフトウェアを含む新しい技術を開発し，他社との差別化を図ってきています。

　同社の使命（Mission）は，「世界一高性能なモータで地球に貢献する」

です。目指す姿（Vision）は「100年を超えて成長し続けるグローバル企業」「人類が抱える多くの課題を解決する世界No.1のソリューション企業集団」です。100年を超えて成長し続けることを展望し，またNo.1にこだわりながらも地球環境の保全や世界の人々の豊かな生活に寄与することを目指しています。

　経営方針からは，各社の特徴の違いが感じられます。村田製作所は「社会貢献」を強く提示している印象がありますが，ニデックは世界一のソリューション企業集団であることを主張しています。

3.2　会計基準が異なる2社

　ROIC分析を行う前に両社の会計基準の違いを説明します。ニデックは2014年度までは米国会計基準（Generally Accepted Accounting Principles, GAAP）でしたが，2015年度より国際会計基準（International Financial Reporting Standards, IFRS）を採用しています。一方，村田製作所は本書の執筆時点では米国会計基準を適用しています（なお，村田製作所も2024年3月期から国際会計基準を適用することを発表しています）。そこで，国際会計基準と米国会計基準の違いをざっくりと認識しておく必要があります。7章にて詳細を記載していますが，村田製作所のHPを参照すると「のれん」の償却について若干ルールが異なることがわかります。ただ，分析するにあたってはそれほど大きな違いでもなさそうです（図表3-3）。そこで本章では両社を並べて比較していきます。念のためニデックのROICには2014年度から2015年度にかけて会計基準の変更による断絶があるかもしれないことは，時系列分析をする際，頭に置いておきましょう。

図表3-3　貸借対照表での主な影響

項目	米国会計基準	IFRS
のれん	毎期規則的な償却費は発生しない。ただし「減損」の対象となる。	毎期規則的な償却費は発生しないが、毎年減損テストを実施する必要がある。「減損」の対象となる。

（出所）　村田製作所HP,「国際財務報告基準（IFRS）の任意適用による影響」より筆者作成

3.3　損益を改善させた村田製作所

　村田製作所とニデックのROICを図表3-4に示しています。両社はROICを経営指標としており、それぞれの2024年度の目標は村田製作所が20％以上、ニデックは15％以上です。さて、このグラフから読み取れる情報はさまざまあると思いますが、今回は2つに注目して解説します。第一は2011〜2012年度ころのROICの低迷です。2011年度の村田製作所は5.7％、2012年度のニデックは3.0％まで下落しています。両社に何があったのでしょうか。第二はその後の推移です。村田製作所は、2022年度こそ前年度比で下落したものの、それまでの数年の傾向としては上向きでした。一方、ニデックの直近5年間は8.6％程度であり村田製作所を下回ります。両社の違いをもたらした要因を確認していきましょう。ここからは数字の背景を

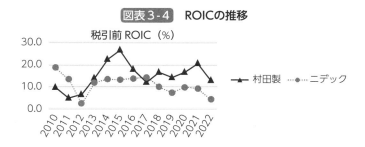

図表3-4　ROICの推移

読み解くために当時報道されていた情報を照らしながらみていきます。

図表3-5に示す売上高営業利益率は，2012年度以降，村田製作所がニデックを上回っています。さらに売上高原価率と売上高販管費率に分解すると両社の特徴が見えてきます。売上高原価率では，村田製作所がニデックより低く抑えることができています。村田製作所は60％強，ニデックは80％弱と20ポイント程度の差が生じています。村田製作所は「材料から製品までの垂直統合型の一貫生産体制を特徴としており，材料技術，工程技術，生産技術，商品設計技術，分析・評価技術などに対して継続的に開発投資を行う」（村田製作所HPより）ことで，模倣困難な高付加価値製品を生み出すことを目指しています。その戦略が売上高原価率に表れています。2012年度から2015年度の間は，スマートフォン向けの電子部品が好調で工場の稼働率が高まったことで，売上高原価率は低減しました。一方で，ニデックの売上高原価率は75％から80％ほどの横ばいで推移しています。決して同社が原価低減活動に消極的というわけではありませんが，主力製品がノートパソコンのHD用モータ，冷却ファン用モータ等次々と変遷する中，常に「構造改革」を迫られているためとみられます。近年は急拡大中の自動車向けの電動アクスルビジネスで圧倒的な世界シェアを奪い，高い営業利益率を獲得するため「全取り戦略」に取り組んでいます。この戦略は永守会長の「多少無理でも全て受けろ」という号令に端を発しているとされ，採算よりも規模を重視する戦略のようです。ですが，これも永守会長の緻密な計算の1つであり，電動アクスルという製品の第1世代の価格は，現時点で利益を取れる高値ではなく，将来的にここで落ち着くと想定される市場価格を付けたといいます。参照した日経の記事には勝利の方程式を解く鍵は圧倒的なスピードであると記載されています（2022/10/20付け日本産業新聞）。このためもあってかニデックの売上高原価率は微増傾向で推移しています（図表3-5）。

売上高販管費率は逆にニデックが優れています。2015年度以降，10％を下回って推移しているのがわかります。ニデックでは，1円以上のものを購入する際には稟議書を書く「1円稟議」が徹底されているようです（2020/11/20付け日本経済新聞電子版）。また2015年からは従来のハードワーク主義から残業ゼロへと「働き方改革」にシフトしました。これにより従業員の生産性が向上したことも，規模が拡大する中で販管費率を抑えることができた要因でしょう。ただし，これら活動をもってしても売上原価を吸収するところまでは至らず，よって売上高営業利益率は村田製作所の方が高い数値となっています。

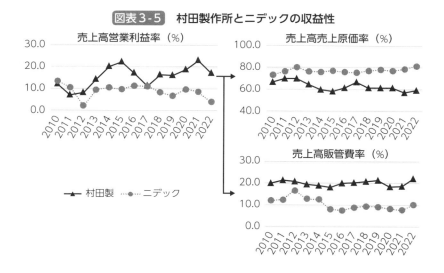

図表3-5　村田製作所とニデックの収益性

3.4　投下資本の高回転で踏みとどまるニデック

　売上高営業利益率は，2012年度から11年間，村田製作所がニデックより

上回っており，2022年度の差は13ポイント以上あります。しかしながら，同年ROICの差は9ポイント程度に縮まります。その理由は投下資本回転率の差にありました。ニデックの投下資本回転率は2010年度から一貫して村田製作所を上回っています（図表3-6）。時系列トレンドを見ると，村田製作所の投下資本回転率は，2015年度をピークに悪化する傾向にあります。一方，ニデックは2021〜2022年度は改善傾向です。ニデックの何が村田製作所を上回ったのか，固定資産回転率と運転資本回転率に分解し検討します。

固定資産回転率は，2013年度以降さほど変わらないものの，概ねニデックの方が高い水準推移を示しています。ニデックの2022年度の固定資産回転率の上昇は同社のIR資料から約3,200億円の増収効果の影響が主と判定できます。そのうち2,700億円分は為替変動によるものとのことです。2022年度の有価証券報告書では，「ニデックパーク」等の建設による固定資産の増加が記されていますが，固定資産の増加率を上回るペースで売上高は増

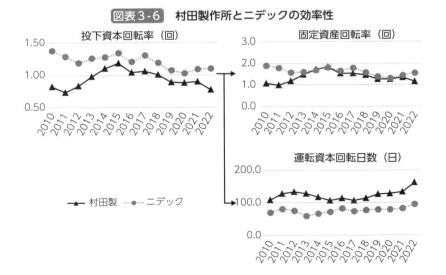

図表3-6　村田製作所とニデックの効率性

加しています。加えて，明らかにニデックが優れているのは運転資本回転
日数です。2022年度では村田製作所の163日に対しニデックは95日です。

　ニデックで運転資本がさほど増加していない要因は，仕入債務回転日数
が長いことにあります。2022年度，ニデックの仕入債務の回転日数は83日
であり，売上債権の回収期間99日と相違ない水準です（図表3-7）。一方
で，村田製作所はこのビジネスでは異常といって良いほど仕入債務回転日
数が短いです（17日）。支払条件を良くすることで取引全体の条件を改善
させているのかもしれません。ただし棚卸資産回転日数も2022年度におい
て110日超となり，前事業年度（80日超）よりも1月分ほど在庫を積み増
しています。このため運転資本回転日数は2010年度以降では最も悪化して
いる点に注意が必要です。

図表3-7　村田製作所とニデックの運転資本回転日数

	運転資本 回転日数		売上債権 回転日数		棚卸資産 回転日数		仕入債務 回転日数
村田製	163.7	=	68.5	+	112.5	−	17.3
ニデック	95.9	=	99.4	+	79.5	−	83.0

　本章では京都に拠点を置く精密部品製造業2社を取り上げて分析しまし
た。両社ともROICを数値目標として掲げその達成を目指しています。た
だし，それぞれの現況とそこに至るプロセスは異なっていました。ROIC
は1つの指標ですが，ROICを高めるため方策は多種多様であることがわ
かる好例であったと考えています。最後に，ニデックと村田製作所の今回
の分析期間における当時の概況を年表形式で示します（図表3-8）。

3章　村田製作所とニデックのROIC向上策　43

図表3-8　村田製作所とニデックのROICと当時の概況

村田製作所

年度	ROIC	概況
2011	5.7%	• 東日本大震災後の落ち込みから自動車向けの生産は回復したものの，ノートパソコンや薄型テレビ向けの生産は下回る。 • 売上高の減少，製品価格の値下がり，円高がROIC数値を減少させた要因。コスト削減や為替変動リスク軽減のためフィリピン等海外工場の増強を推進。
2015	27.3%	• スマートフォンの台数成長の伸び率が鈍化しつつも，機器の高機能化による1台当たりの部品数が増加したことにより売上高は増加。円安効果もあり営業利益は大幅な増益。
2021	21.2%	• 原価率は過去最低。 • 営業利益率は各製品の利益率改善や製品構成の良化，旺盛な需要を背景とした生産高の増加に加え，円安の影響により増加。建物や生産能力増強のための設備投資により投下資本は増加。営業利益が増加したことにより，ROICは好調。
2022	13.7%	• コンデンサがコンピュータやスマートフォン向けで減少したことに加え，表面波フィルタや高周波モジュールが減少したため減収。 • 利益面では，生産高の減少による操業度損が響き減益。 • 脱炭素化などを強める「戦略投資」を3年間で2,300億円，株主還元で2,700億円を計画。 • ROICは20％以上に設定。（2023～25年3月期の中期経営計画）

ニデック

年度	ROIC	概況
2012	3.0%	• 欧州では債務危機の出口の見えない景気低迷が長期化，新興国でも厳しい状況が続く。 • パーソナルコンピュータ関連，デジタルカメラ関連，液晶パネル製造装置関連等の主力製品の需要が急激かつ大幅に減少。 • 営業利益が前年度対比75.9％減益。収益構造の改革やリースバック取引を行い，固定資産関連損失，退職関連の人件費が増加したことによる。 • 2012年度までを「事業ポートフォリオ転換準備期」，2013年度以降を「第2次高度成長期」と位置付ける。
2013	12.7%	• 売上高は過去最高を更新。重点事業の「車載及び家電・商業・産業用」事業が収益構造の大幅な拡大を牽引。
2017	14.9%	• 売上高・営業利益・税引前利益・当期利益の全項目で過去最高を更新。
2020	10.2%	• 営業利益が為替影響により減益。 • 需要が急拡大しているトラクションモータールーム等の開発及び生産立ち上げに向けた先行投資に係る費用，買収に係る一時費用が増加。
2023	11.2%	• 売上高が前期比17％増えた一方，純利益は67％減。構造改革費用に757億円を計上。

（出所）　両社の有価証券報告書から筆者作成

図表3-9 村田製作所とニデックのROICツリー

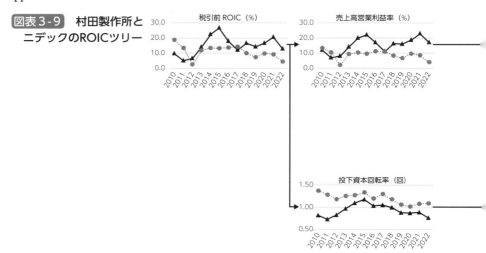

3章 村田製作所とニデックのROIC向上策 45

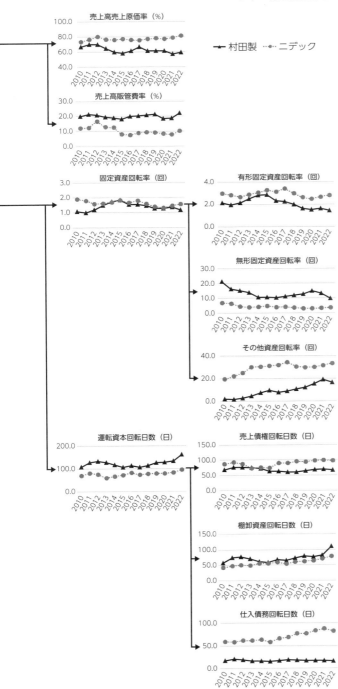

4 章

自社事業に集中投資する信越化学工業と M&Aで事業ポートフォリオ変更に挑む レゾナック

4.1　日本の化学工業の現状と課題

　経済産業省（2021）によると，日本の化学工業はプラスチックやゴム製品を含めると2020年の製品出荷額が約46兆円（全製造業の14%），事業所数約2万（全製造業の10%），従業員数約95万人（全製造業の12%）を抱える基幹産業の1つです。しかし，現在この業界は解決しなければならない多くの課題を抱えていることから，効率の高い投資が必要となる経営が求められています。課題としては第一にグローバル企業との競争激化による市場シェアの低下，第二に地球温暖化対策に関するカーボンニュートラルへの対応があげられます。これらの課題への対応はこれから化学工業が事業継続と成長を実現し，基幹産業として雇用を維持するために必須といえます。一方で，優れた技術を有する日本の化学工業は，規模を追求する戦略から今後拡大が見込まれる革新・先端素材技術への新たな市場獲得が期待できる産業でもあります。

　第1の課題，グローバル企業との競争激化に関する現状です。アメリカ化学会ACSが発刊している科学雑誌「C&EN」によれば，日本を代表する化学系企業の三菱ケミカルは2020年の世界ランキングで8位（253億ドル）の売上高規模を誇る企業でした（図表4-1）（Tullo 2021, 2022, 2023）。しかし，2022年の世界売上高ランキングでは14位（売上高294億ドル）までランキングを落としていることがわかります。売上高に関してはグローバルトップのBASFは675億ドルから920億ドルへと2年で245億ドル増加させ成長を加速させているのに対して三菱ケミカルは41億ドルの増加にとどまり世界トップとの企業規模差は拡大しているのが現状です。その他日本勢としては2020年に住友化学，東レ，信越化学工業（以下，信越化学）が20位内にランキングしていましたが，2022年には三菱ケミカルと信越化学の

図表 4-1 2020～2022年 世界化学企業売上高ベスト20（億ドル）

2020年				2021年				2022年			
Rank	会社名	国	売上高	Rank	会社名	国	売上高	Rank	会社名	国	売上高
1	BASF	ドイツ	675	1	BASF	ドイツ	930	1	BASF	ドイツ	920
2	Sinopec	中国	467	2	Sinopec	中国	658	2	Sinopec	中国	669
3	Dow	アメリカ	385	3	Dow	アメリカ	550	3	Dow	アメリカ	569
4	Ineos	イギリス	313	4	Sabic	サウジ	432	4	Sabic	サウジ	488
5	Sabic	サウジ	288	5	Formosa Plastics	台湾	432	5	Exxonmobil Chemical	アメリカ	475
6	Formosa Plastics	台湾	277	6	Ineos	イギリス	399	6	Ineos	イギリス	412
7	LG Chemical	韓国	255	7	Petro China	中国	397	7	Formosa Plastics	台湾	402
8	三菱ケミカル	日本	253	8	Lyondell Basell	オランダ	390	8	LG Chemical	韓国	402
9	Linde	イギリス	244	9	LG Chemical	韓国	373	9	Lyondell Basell	オランダ	395
10	Lyondell Basell	オランダ	234	10	Exxonmobil Chemical	アメリカ	369	10	Petro China	中国	383
11	Exxonmobil Chemical	アメリカ	231	11	三菱ケミカル	日本	307	11	Hengli Petrochemical	中国	311
12	Air Liquide	フランス	231	12	Hengli Petrochemical	中国	280	12	Air Liquide	フランス	310
13	Petro China	中国	218	13	Linde	イギリス	279	13	Linde	イギリス	306
14	Du Pont	アメリカ	204	14	Air Liquide	フランス	271	14	三菱ケミカル	日本	294
15	Hengli Petrochemical	中国	173	15	Syngenta Group	中国	249	15	Syngenta Group	中国	285
16	住友化学	日本	158	16	Reliance Industries	インド	226	16	Chaina Petrochemical	中国	266
17	東レ	日本	152	17	Wanhua Chemical	中国	226	17	Reliance Indusutries	インド	252
18	信越化学	日本	140	18	Braskem	ブラジル	196	18	Wanhua Chemical	中国	246
19	Evonic Industries	ドイツ	139	19	住友化学	日本	192	19	YARA	ノルウェー	239
20	Reliance Indusutries	インド	136	20	信越化学	日本	189	20	信越化学	日本	214

（出所） C&EN CHEMICAL ENGINEERING NEWSより筆者作成

みがベスト20位にとどまり，その他はランクを下げて海外の企業に引き離されています。

　第2の課題は地球温暖化をめぐるカーボンニュートラルへの対応です。特に化学工業における石化製品の製造には膨大なCO_2の排出を伴うプロセスがあり，その量は全産業部門の14％を占め鉄鋼につぎ2番目に大きいといわれています（図表4-2）。そのため化学工業におけるカーボンニュートラルへの対応はますます重要性が増し，避けては通れないのが現状です（経済産業省，2023）。

そのような背景から，経済産業省によりCFP（カーボンフットプリント）という共通のCO$_2$測定法が取り入れられています。この方法では，「原材料の調達」「生産」「流通・販売」「使用・維持管理」「廃棄・リサイクル」という5つの段階で排出されるCO$_2$量を，活動量（重量や輸送距離など）のデータに排出係数を乗じることで算出します。これにより，CO$_2$排出の「見える化」を実現しています（2023/7/29付け日経産業新聞）。このようにCO$_2$削減への対応は測定からはじまり，実際の排出量を下げるために巨額の設備投資が必要で資金をいかに効率的に使うかが重要になってきているといえます。

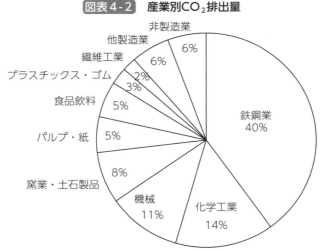

図表4-2　産業別CO$_2$排出量

（出所）　経済産業省「温室効果ガス排出の現状等」（2019年速報値）より筆者作成

4.2　信越化学とレゾナックのROICを比較する

　ROICは投下資本の有効活用度合いを数値やグラフで見える化し経営改善に役立てる有効な道具として使われます。よって遊休設備の見直しや，不採算事業の可視化，企業に内在する問題把握を行うには最適です。この章では化学工業の中から信越化学とレゾナックを取り上げ，それぞれの企業から計算されたROICを読み解くことで各社の成長戦略を考察してみます。両社の会社概要を図表4-3に示します。

図表4-3　**信越化学とレゾナックの会社概要**

企業名	信越化学工業株式会社
設立	1926年9月
上場	1949年5月
業種名	化学
本社	東京都千代田区丸の内1-4-1
従業員数（2024年3月）	26,004名（連結）
売上（2024年3月期）	2兆4,149億円（連結）

（出所）　会社四季報 2024年夏号

企業名	株式会社レゾナック・ホールディングス
設立	1939年6月
上場	1949年5月
業種名	化学
本社	東京都港区東新橋1-9-1
従業員数（2023年12月期）	23,840名（連結）
売上（2023年12月期）	1兆2,888億円（連結）

（出所）　会社四季報 2024年夏号

　両社のROICの推移を比較します（図表4-4）。まず，信越化学のROICは2015年度から2018年度まで順調に増加し，その後20%前後で推移したあ

と，2021年度以降はさらに上昇し，直前期の2022年度では38.3％に達しています（注：信越化学は3月決算，レゾナックは12月決算と決算月が異なるため，年度が始まる際の年を用いて「年度」と表現することとします）。レゾナックのROICは2015年度から2018年度にかけて上昇し22.7％まで高まりましたが，2019年度以降下落に転じ2020年度は－1.5％まで下落しました。その後回復し，2022年度は3.7％となっていますが，信越化学と比較して大きく変動していることがわかります。ではなぜ，信越化学は安定的にROICを上昇させることができ，レゾナックは大きな変動を伴ったのでしょうか。その要因を両社のROICの傾向にあわせて考察していきます。

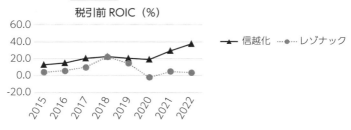

図表4-4 信越化学とレゾナックのROIC

	2016年度	2018年度	2020年度	2022年度
	2017/03	2019/03	2021/03	2023/03
信越化学	15.8%	23.1%	19.6%	38.3%
	2016/12	2018/12	2020/12	2022/12
レゾナック	5.7%	22.7%	-1.5%	3.7%

4.3 信越化学の売上高営業利益率が上昇する理由

　まず信越化学の売上高営業利益率です（図表4-5）。売上高営業利益率はグラフから継続的に上昇していることがわかります。2015年度に16.3%だった売上高営業利益率は2022年度に35.5%にまで伸長しています。なぜこのように信越化学は順調に売上高営業利益率を伸ばすことができたのでしょう。売上高営業利益率を伸ばすためには，顧客への交渉が必要であり調達先へも費用を下げる協力を求める必要があります。これらの実現は簡単なことではないため，相応の理由があるにちがいありません。まずは信越化学の事業セグメントから考察します。

図表4-5　信越化学の売上高営業利益率

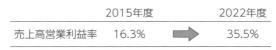

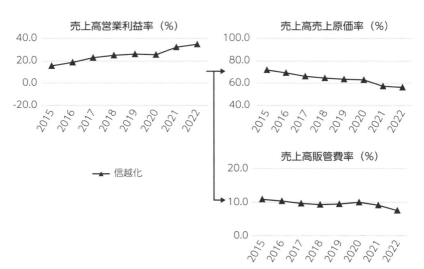

4章　自社事業に集中投資する信越化学工業とM&Aで事業ポートフォリオ変更に挑むレゾナック　55

　信越化学の2022年度有価証券報告書によれば，売上高の47％を占める最
も大きな事業は生活環境基盤材料事業です（図表4-6）。この事業で主力
となるのは塩化ビニル樹脂です。この素材から生まれる製品は住宅，電線，
ビニルハウスなど日常生活のさまざまな場所で利用され，普段目にしない
上下水道のインフラでも活用されています。

　信越化学といえば，半導体シリコンを連想する人も多いと思います。半
導体シリコンは電子材料事業に分類される商品ですが，売上規模は生活環
境基盤材料に次ぐ2番目の大きさとなります。この生活基盤材料と電子材
料の両事業が信越化学の主要な収益源で，特に塩化ビニル樹脂と半導体シ
リコンの両商品は，世界トップシェアの商品です。信越化学は他にも世界
市場で大きなシェアを持つ製品を多く保有しており，合成石英，マスクブ
ランクス，合成性フェロモンも世界第1位のシェアを持っています（信越
化学HP「用途から検索！信越化学の製品事典」）。このシェアの高さが顧
客との交渉力を高め，競争力となる源泉になるのではないでしょうか。

図表4-6　信越化学の事業セグメント

	売上高 （億円）	割合	主要製品・サービス
生活環境基盤 材料事業	13,081	47%	塩化ビニル樹脂，か性ソーダ
電子材料事業	8,756	31%	半導体シリコン，合成石英， マスクブランクス
機能材料事業	4,934	17%	シリコーン，合成性フェロモン
加工・商事・ 技術サービス事業	1,317	5%	半導体ウエハー関連容器，技術・プラン ト輸出
合計（連結）	28,088	100%	

（出所）　2022年度　信越化学有価証券報告書より筆者作成

　ここからは，ROICの数字の裏づけとなる背景を当時報道されていた新

聞記事などを照らし合わせながらみていきます。

信越化学が世界トップシェアの商品を多数持つことができたのは，これまでに資金を効率的に運用できたからといえるでしょう。その結果，交渉力が強化され，原材料費や間接費が上昇しても，それ以上に価格を引き上げることが可能になりました。世界トップシェアがもたらす交渉力は他にも強みを発揮します。特にシリコンウエハーは需要変動が大きい商品のため，過剰な在庫は収益に大きな影響を与えます。短期的な需要の変動による経営への影響を最小限に抑えるために，顧客と長期契約（1〜3年）を結ぶことで，多少生産量が減少しても柔軟に対応できる生産方式を採用しています（2019/8/22付け日経産業新聞）。また，コンタクトレンズや化粧品に使用されるシリコーンも国内シェア1位です。同製品では多品種少量生産体制を採用し高い付加価値を獲得しているのと同時に，顧客との共同開発を進めてスイッチングコストを向上させることで，転注しにくい状況をつくりだすことに成功しています（2022/1/28付け日経新聞）。

利益を最大化するためには費用削減も重要です。売上高原価率は年々減少傾向，売上高販管費率も一定程度に抑えていることがROICツリーから確認できます。図表4-5から信越化学では，規模の経済で原料や製造コストの削減を実施しながら，販管費削減にも徹底した工夫がみられます。具体的には，ジョブローテーションを極力行わず従業員の専門性を高めたり，営業部隊は少数精鋭で拡販するなど，組織運営で発生するコストを最小限に抑える取り組みが徹底されているようです（2021/8/31付け日経新聞）。

この日の記事に従業員の生産性として一人当たりの営業利益が示されていたのですが，今回，信越化学と記事に掲載されていたのとは異なる企業で同様のことを行ってみました。すると，そのデータからも，信越化学が他の化学メーカーと比較して非常に高い生産性を実現していることが明ら

かになりました。2022年度の有価証券報告書によれば，信越化学の一人当たりの営業利益は3,881万円です（図表4-7）。一方，シリコンウエハーの製造で競合のSUMCOは一人当たりの営業利益が1,193万円であり，信越化学は一人当たりで3.2倍もの生産性を実現しています。このように，信越化学の売上高営業利益率が大幅に伸長しているのは，経営資源を集中させて組織運営にも工夫を凝らし，自社商品を世界トップシェアにすることで交渉力を高めて利益率を高めることで勝ち取った結果だといえるでしょう。

図表4-7　従業員一人当たりの営業利益額

	一人当たりの営業利益額 （千円）
信越化学	38,815
レゾナック	2,301
SUMCO	11,936
三菱ガス化学	4,879
旭化成	2,625

（出所）　2022年度　各社有価証券報告書より筆者作成

4.4　レゾナックのROICが大きく変動した理由

レゾナックのROIC（図表4-4）は，信越化学のように継続的に上昇しておらず大きく変動していることがわかります。その要因を考察するためROICを分解し売上高営業利益率から説明します。レゾナックの売上高営業利益率は2015年度から上昇を開始し2018年度には最高値18.1％を記録しました。しかし，2020年度には赤字に転じ-2.0％となり，直近の2022年度では4.3％まで回復しています。大きく変動している理由を読み解くためにROICツリーの売上高営業利益率を売上高売上原価率と売上高販管費率に

分解して考察すると，売上高売上原価率は一定レンジにはあるものの，売上高販管費率は2018年度から2020年度にかけて急上昇して高止まりしていることがわかります（図表4-8）。

レゾナックは，半導体・電子材料，モビリティ，イノベーション（機能性化学品），ケミカル（石化事業，黒鉛電極）など多岐にわたる分野へ事業を展開する総合化学企業です。2023年度に商号を昭和電工からレゾナック・ホールディングスに変更していますが，この時にポートフォリオを組みなおし，これから成長させる事業を半導体・電子材料事業，モビリティ事業と明確に打ち出して絞り込み，再成長を加速させるとしています（レゾナック2022年度有価証券報告書）。

2015年度から2018年度にかけ売上高に対する割合はそれほど大きくあり

図表4-8　レゾナックの売上高営業利益率

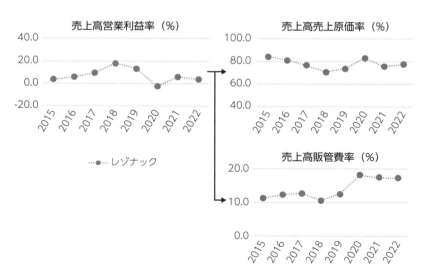

ませんが収益性に大きな影響を与えた事業が無機セグメントに分類される黒鉛電極事業です。黒鉛電極は鉄をつくる過程でスクラップを電気で溶かすために使われる「電炉」になくてはならない消耗部品として使用されます。2015年当時，中国をはじめとしたアジア景気の冷え込みがあり黒鉛電極の需要は低迷していました。その結果，過去5年間で価格が約5割も下落した価格変動の大きな商品です（2016/10/21付け日経新聞）。この影響はレゾナックの経営にも響き，2015年度に70億円の連結純利益を見込んでいたところ，9億6,900万円まで落とすことになりました。

　黒鉛電極業界は鉄鋼需要が旺盛な時は，価格も跳ね上がり莫大な利益が出るのですが，需要変動に大きな影響を受けて収益が安定しない特徴があります。そのため景気変動による影響を抑えるためにも供給業者の再編による価格の安定が必要とされていました（2016/5/16付け日経産業新聞）。そこで，レゾナックは翌年の2016年度，世界シェア2位の独SGLカーボン子会社SGL・GEホールディングを156億円でM＆Aすると決め，当時世界3位のレゾナックの黒鉛事業は世界トップシェアを獲得することに成功しました。

　この経営判断はタイミングよく2017年中ごろから功を奏したかにみえました。中国が環境規制の政策転換をはかり，違法な粗鋼生産の取り締まりが厳しくなったことをきっかけにして，カーボン排出量が高炉より抑えられる電炉による鉄鋼生産が活発になりました。このため黒鉛電極の需要が急増したのです。需要が増えたことで2018年の黒鉛電極価格は2016年の5倍に達するようになり，2018年度レゾナックの売上高営業利益率は18.1％まで高まりました（2019/2/5付け日経新聞）。しかし，2019年度から2020年度にかけてレゾナックの売上高営業利益率は急激に降下してしまいます。それは，恩恵を受けていたはずの鉄鋼需要の急激な冷え込みと，自ら実施したM＆Aの負担，新型コロナウイルス感染拡大による経済市況の

悪化の三重苦が原因と考えられます。

　2020年度に売上高営業利益率が大きく落ち込んだ要因にもう１つ大きな出来事がありました。それを説明するためには2015年度まで話を遡る必要があります。2015年度末にレゾナックは新中期経営計画「Project2020＋」を発表しています。収益基板強靭化と個性派事業の拡大を進め，2025年度の目指す姿として個性派事業を３割から５割へ，海外売上比率を４割から６割へ増加させることを掲げています。この計画に基づきSGLカーボンのM&Aは実行されましたが，計画をさらに加速するため，2020年度，日立製作所子会社の日立化成を買収したのです。このM&Aは，買収額が約9,600億円にのぼる大型買収として話題を集めました。しかし，タイミングが悪く買収直後に新型コロナウイルスが世界中に蔓延します。世界経済が急減速する中，買収による費用だけが積み上がったため，売上高営業利益率は大幅に下がってしまいました。その結果，2020年度のレゾナックのROICは－2.0％まで悪化したのです。

4.5　M&AがROICに与える影響

　M&Aの影響を考察するために投下資本回転率の推移を見てみます。2020年度のレゾナックの投下資本回転率は0.75回に落ち込んでいます。投下資本回転率は数値が高いほど投下資本を効率的に運用できているということになります。もし数値が低い場合，売上高を上げるか投下資本を下げることが必要です。投下資産回転率は固定資産回転率と運転資本回転日数へさらに分解することができます（図表４－９）。レゾナックの2020年度の運転資本回転日数は2019年度の89.3日から98.2日へと微増に留まりますが，固定資産回転率は，2019年度の1.6回から2020年度は0.9回へと大幅に低下し

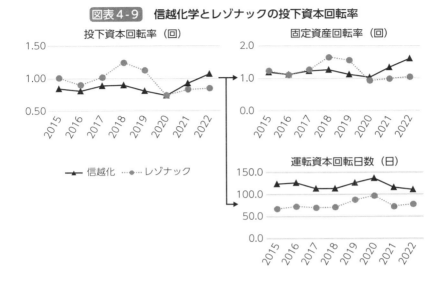

図表4-9 信越化学とレゾナックの投下資本回転率

ています。固定資産回転率の悪化要因は、固定資産回転率を有形固定資産、無形固定資産、その他資産回転率にさらに分解したツリーをみると明らかです（図表4-10）。これはレゾナックが日立化成を連結子会社にすることによって増えた無形固定資産に要因がありそうです。2020年度の有価証券報告書によると有形固定資産は前年比2,540億円増加し、その結果として有形固定資産回転率は2019年度比−0.4回転分の影響を受けて低下しています。無形固定資産は日立化成のM＆Aによる「のれん」や特許、顧客関連資産といわれる日立化成から引き継いだと思われる資産の影響で対前年比5,758億円増加しており、その結果、無形固定資産回転率は2019年度比−45回転分の大幅悪化となっています。この悪化が固定資産回転率と投下資本回転率の低下に大きく影響を及ぼしていると考えられます。

ここで信越化学の投下資本回転率と比較し両社の違いを考察してみます。信越化学の投下資本回転率は2018年度から2020年度にかけてレゾナックと

図表4-10　信越化学とレゾナックの固定資産回転率

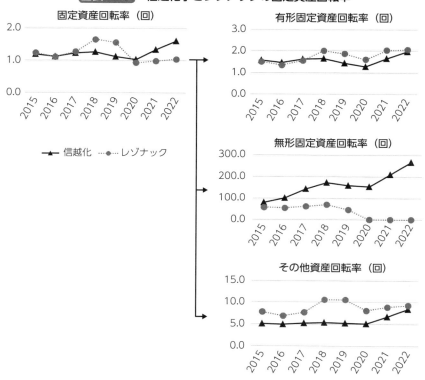

(百万円, 回)

信越化学	2015年度	2016年度	2017年度	2018年度	2019年度	2020年度	2021年度	2022年度
決算月	2016/03	2017/03	2018/03	2019/03	2020/03	2021/03	2022/03	2023/03
売上高	1,279,807	1,237,405	1,441,432	1,594,036	1,543,525	1,496,906	2,074,428	2,808,824
無形固定資産	13,152	10,229	9,405	8,740	10,099	8,922	10,535	10,351
無形固定資産回転率	82.1	105.8	146.8	175.7	163.9	157.4	213.2	269.0

レゾナック	2015年度	2016年度	2017年度	2018年度	2019年度	2020年度	2021年度	2022年度
決算月	2015/12	2016/12	2017/12	2018/12	2019/12	2020/12	2021/12	2022/12
売上高	775,732	671,159	780,387	992,136	906,454	973,700	1,419,635	1,392,621
無形固定資産	12,268	11,712	12,817	14,950	22,650	598,443	522,489	494,346
無形固定資産回転率	60.6	56.0	63.6	71.5	48.2	3.1	2.5	2.7

同じように緩やかな低下傾向を示しますが，2021年度には反転上昇の動きをみせ，2022年度は1.1回まで効率を向上させています（図表4-9）。要因は投下資本回転率をさらに分解した固定資産回転率を考察することでわかりそうです。図表4-10で特に注目すべきは，信越化学の無形資産回転率が2015年度の82回から2022年度の269回まで7年間で大幅上昇している点です。この期間の有価証券報告書を確認すると，売上高は2015年度の1兆2,798億円から2022年度には2兆8,088億円まで増加し2.2倍になっています。一方で，無形固定資産は2015年度に131億円でしたが，2022年度は103億円に減少しています。

　信越化学の有価証券報告書を確認すると，「のれん」による無形固定資産が2022年度末でたった22億円程度しかなく，この無形固定資産の少なさがレゾナックとは違う点だといえます。そして，無形固定資産回転率の上昇は，M&Aではなく自社事業に集中的投資して実現した成長の証拠だといえるのではないでしょうか。「のれん」はROICの分母である投下資本の増加に影響を与える因子ですが，日本の会計基準では20年以内の期間で定額償却しなければならないという規定があり，分子の税引前営業利益に負の影響を与えます。レゾナックの2020年度有価証券報告書には280億円もの「のれん」償却を行い利益を減少させているという記載があります。他にはM&Aを実施するために有利子負債を利用した場合，金融機関への金利の支払いが利益に影響を与えます。ただし金利はROICの分子である税引前営業利益には影響を与えないのでROIC自体は悪化せず，ROEや自己資本比率に影響を与えることを考慮しておく必要があります。

4.6 半導体産業を支える企業として

　レゾナックの例が示すようにM＆Aは「のれん」の影響で一定期間ROICを低下させる可能性があります。しかし，事業成長を促したり変革させたりするには必要な経営戦略であり，財務指標が悪化したり市場からの評価が下がるからといってM＆Aを実行しないということは賢明な判断といえません。企業の実力は一時的なROICの数字だけを評価するのではなく，中長期的な業績成長のために実行した経営判断を総合的に勘案して見極める必要があるといえます。レゾナックの経営は2019年の世界的な鉄鋼生産の鈍化により黒鉛電極事業が悪化したこと，2020年度の大型買収直後のコロナウイルス蔓延による世界経済減速の影響で悪化し，ROICにもその影響は大きく反映されました。しかし，その判断は現状を打開するため，もしくは次なる成長への先行投資のためであり，同社は，将来のために挑み変革することができる企業といえるのではないでしょうか。そして，その挑戦が持続的に企業価値を高め，さらなる成長へとつながるのでしょう。

　2023年に入り，自社事業に集中投資する経営を行う信越化学やレゾナックが行ったM＆Aを活用した挑戦的な事業ポートフォリオ変更が，より現実味をおびて成長を加速させる可能性が高まっています。現在シェアや技術力において明らかに世界から遅れをとっている日本の半導体産業において，国をあげて再びその存在感を取り戻すため動きが活発化しはじめているからです。日本が半導体産業復興のチャンスをつかみ，成功の確度を高めるにはいくつもの条件や日本特有の強みを活かす必要があります。その1つとして，信越化学が世界シェアトップを誇るシリコンウエハーの競争力や，先端半導体を製造するために必要なマスクブランクスを製造する技術，レゾナックが日立化成をM＆Aすることによって獲得した多種多様で

高品質な半導体製造用の化学材料があることは言うまでもありません。経済産業省が2023年に公表している「半導体・デジタル産業戦略」によれば，2020年に市場規模が約50兆円だった半導体産業は，2030年には約100兆円まで拡大するとされています。また，世界トップのファウンドリーであるＴＳＭＣが熊本で工場を複数建設し，北海道においては日本が総力をあげてサポートするファウンドリーのラピダスが数兆円規模の投資と国を挙げてのサポートが決まっています。半導体産業は１つの企業では成功することはできず，各プロセスで専門性を高めた企業が分担して行う水平分業が必要だとされています。そのことからも化学工業発の企業として，半導体産業用の素材や化学材料で強みを持つ信越化学，レゾナックのさらなる成長に期待が高まります。

図表 4-11 信越化学とレゾナックのROICツリー

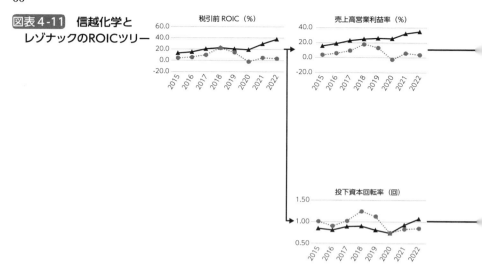

4章 自社事業に集中投資する信越化学工業とM&Aで事業ポートフォリオ変更に挑むレゾナック 67

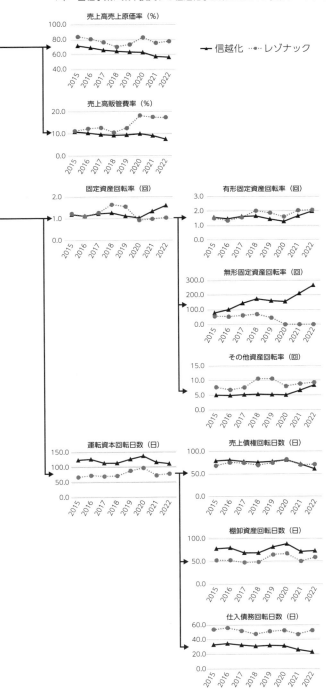

5 章

老舗企業のROICツリー

5.1　日本の老舗企業，養命酒製造と森下仁丹

　日本には，伝統を守りながらも，進化し続けることでさらに成長している老舗が多くあります。2023年には創業100年を越える企業は約2,000社あると言われています。長い年月を経てもなお社会に価値をもたらし続けることは，私たちの想像をはるかに超える難しさがあるのではないでしょうか。特に変化が激しい昨今においてはなおさらです。

　創業から100年を越える歴史ある企業のすべてをここで紐解くことは難しいですが，ROICを分解することで経営の一端を垣間見ることができます。この章では，人々の健康を願い，長年にわたって健康を支えることを生業にしてきた企業をみていきます。1つは養命酒製造株式会社で，もう1つは森下仁丹株式会社です。両社とも生薬を使う「セルフ・メディケーション（自己治癒）」の先駆けとなった企業だといえるでしょう。従業員数や売上の規模感から，むやみに規模を追い求めるのではなく，堅実にビジネスを展開してきた様子がうかがえます。一方で，ROICツリーを用いて時系列で紐解いていくと，両社の間に見えてくる違いがあります。ここでは，その違いにフォーカスしてご紹介していきます。

　養命酒製造は2023年に会社設立100周年を迎えた老舗企業です（図表5－1）。「養命酒」が社名にもなっているこの会社の歴史は，WEBサイトに詳細に紹介されています（2023年11月現在）。1600年代に現在の長野県で創製されて以来，400年以上にわたり不調を整える薬用酒として，いまもなおつくり続けられています。この原酒をつくる技術を活かし，焼酎，発泡酒，リキュールやみりん等，時代にあった商品開発が行われています。近年では「くらすわ」という新たなブランドを立ち上げ，あらたな事業基盤を構築しつつ進化し続けている企業です。

図表5-1 養命酒製造の会社概要

企業名	養命酒製造株式会社
設立	1923年6月
上場	1955年10月
業種名	食料品
本社	東京都渋谷区南平台町16-25
従業員数（2024年3月）	301名（単独）
売上（2024年3月期）	10,242百万円（単独）

（出所）　会社四季報 2024年夏号

　森下仁丹は2023年に創業130年を迎えた老舗企業です（図表5-2）。WEBサイトには「森下仁丹百年物語」としてつづられていますが，「仁丹」は「飲みやすくて携帯・保存に便利な薬をつくる」というアイデアから生まれ，当時としては斬新な販売戦略を積極的にしかけ，海外にも進出していたようです。その後，大衆の保健医療に目を向け総合医療メーカーを設立しています。現在の株式会社テルモはその総合医療メーカーが成長して独立した会社です。

　携帯・保存に便利な薬としての「仁丹」は当時の日本にとってはまさに「イノベーション」だったと思われますが，1970年代に入って，その強みを活かしたもう1つのイノベーションが生まれます。それはカプセル技術

図表5-2 森下仁丹の会社概要

企業名	森下仁丹株式会社
設立	1936年11月
上場	1961年6月
業種名	医薬品
本社	大阪市中央区玉造1-2-40
従業員数（2024年3月）	339名（連結）
売上（2024年3月期）	12,406百万円（連結）

（出所）　会社四季報 2024年夏号

です。この技術は，自社のヘルスケア商品だけでなく，カプセル受託事業として１つの大きな事業領域になっています。ちなみに，森下仁丹は大阪の企業ですが，京都には「仁丹町名表示板」がまだ現存しており，老舗出現率が最も高い京都とも古くからつながりがある企業です。

両社とも生薬を研究し活かし「健康」というテーマを扱っていますが，養命酒製造は食料品分野，森下仁丹は医薬品と，それぞれ異なる業種で事業を展開しています（図表５-３）。一方で国内のみならず海外にも領域を拡大している点では共通しています。

図表5-3　事業領域と特色

	特色	売上構成比
養命酒製造	慶長7（1602）年創業。 薬用酒で高シェア。 健康飲料など新規分野を模索。財務良好。	【単独事業】養命酒関連89，くらすわ関連11【海外】4
森下仁丹	代名詞の仁丹から整腸作用軸に健康サプリ，医薬品へ展開。 シームレスカプセル技術に特長。	【連結事業】ヘルスケア67，カプセル受託33，他0　【海外】15

（出所）　会社四季報 2024年夏号

5.2　逆転したROIC

まず両社のROIC（図表５-４）を見てみましょう。この10年ほどの間に養命酒製造と森下仁丹のROICが逆転しています。2013年度の時点では養命酒製造が森下仁丹を約４ポイント上回りましたが，10年経った2022年度の数字をみると養命酒製造のROICは森下仁丹の約半分になっています。

詳細をグラフで確認してみましょう。

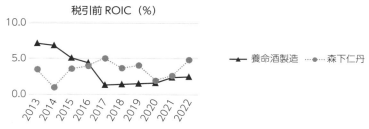

図表5-4　養命酒製造と森下仁丹のROIC

　養命酒製造のROICは，2013年度は7.3％ありました。しかしながら，2017年度には1.4％まで下落し，その後少しずつ回復しているものの直近の2022年度では2.6％と，2013年度の水準には戻っていません。一方で森下仁丹は2014年度に大きく下げていますが，翌年には2013年度と同じ水準まで戻しています。そして直近の2022年度は4.9％となっており，この10年ほどの間で最も高い2017年度の5.1％に迫るレベルにまで改善しています。このような違いが生じた背景には何があるのでしょうか？　分解してみましょう。

　まずは「売上高営業利益率」から確認します（図表5-5）。

　養命酒製造の「売上高営業利益率」は2017年度に大幅に下落していることがグラフでみてとれます。その内訳である「売上高売上原価率」は2016年度から2017年度にかけて3.2ポイント上昇し（33.1％→36.3％）「売上高販管費率」は5.4ポイント上昇（53.4％→58.8％）しています。この間，売上高は19.1％もの大幅減となっています（図表5-6）。売上減に伴い原価率や販管費率が増加したため，利益率が悪化していると解釈することができます。

　売上高が減少した背景には，主力商品である養命酒の販売数が国内外ともに伸びなかったことが影響したようです。国内においては，前年に施行された改正酒造法による店頭での販売価格の上昇，海外においてはパッ

5章　老舗企業のROICツリー　75

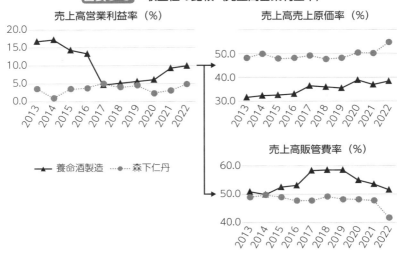

図表5-5　収益性の比較（売上高営業利益率）

ケージリニューアルに伴う輸出減が影響したと公表されています（図表5-6）。

図表5-6　養命酒製造の販売状況（2016・2017年度）（百万円）

	2016年度	2017年度	増減額	増減率
養命酒	10,358	8,377	△1,981	△19.1%
国内「養命酒」	9,877	8,018	△1,859	△18.8%
海外「養命酒」	480	358	△122	△25.4%

（出所）　2017年度　養命酒製造有価証券報告書より筆者作成

では森下仁丹はどうでしょうか。図表5-7に森下仁丹の2018年度の売上高を示しています。養命酒製造と同様に，ROICが下がるのは売上高が芳しくない時だといえそうです。しかしながら森下仁丹は，売上が振るわない局面では「販管費率」の改善を積極的にはかることで「売上高営業利益率」を押し上げることに成功しています。

図表5-7 森下仁丹の売上高推移（百万円）

	2018年度	2019年度	2020年度	2021年度	2022年度
売上高	10,090	9,774	9,429	9,563	11,359

（出所）　各年度　養命酒製造有価証券報告書より筆者作成

5.3　投下資本回転率の変遷

　次にROICのもう1つの大きな軸である「投下資本回転率」を確認してまいりましょう。図表5-8にあるように，養命酒製造の「投下資本回転率」はこの10年間ほどの間，0.4回以下で推移しています。森下仁丹と比較するとかなり資本効率が悪いように見えます。養命酒製造は食料品の業界にありますが，食料品業界の2022年度の投下資本回転率の中央値は1.4回で

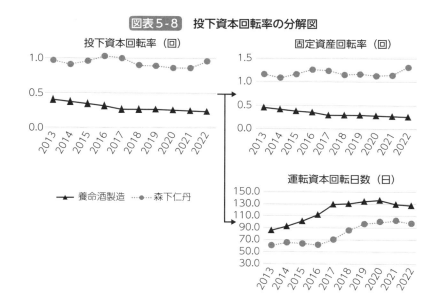

図表5-8　投下資本回転率の分解図

養命酒はその5分の1以下です。一方，医薬品業界にある森下仁丹は，2022年度の業界の中央値0.5回に対して，2倍近く高い回転率となっています。

では，両社の「投下資本回転率」の明暗を分けているのは何なのでしょうか？

養命酒製造は固定資産回転率（高い方がよい）および運転資本回転日数（短い方がよい）がいずれも芳しくないため，投下資本全体の回転率が低くなっているといえそうです。次に「固定資産回転率」を分解します。「固定資産回転率」は，「有形」「無形」「投資その他」の3つの固定資産の回転率に分けられますが，ここからは養命酒製造の「投資その他の資産」に着目してみていきます。ROICツリーを作成してわかったことですが，過去10年間，養命酒製造の投資その他の資産回転率は1を下回る低水準でありながら，さらに低下傾向にありました。

5.4　養命酒製造の「投資その他の資産回転率」からROICの改善策を考える

投資その他の資産回転率は貸借対照表の「投資その他の資産」に対する

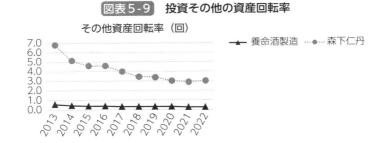

図表5-9　投資その他の資産回転率

売上高の倍率で，有形固定資産や無形固定資産以外の資産活用を測る尺度です。

　図表5-9のグラフからは読み取りづらいですが，2017年度以降は0.4回という数字が続きます。有価証券報告書の貸借対照表で詳細を確認します。毎年数字の増減が多少あるものの，「投資その他の資産」で最も大きな割合を占めているのは投資有価証券で，次は長期預金となっています（図表5-10）。養命酒製造は年間の売上高が100億円規模の会社ですが，「投資その他の資産」は合計で300億円近くあります。これが事業にとってどのような意味を持つのかが気になるところですが，有価証券報告書には"株式価値の変動や配当目的として保有する株式に該当するものはない"と記載されています。

図表5-10　養命酒製造の「投資その他の資産」（千円）

	2021年度	2022年度
投資その他の資産		
投資有価証券	21,445,377	22,126,046
関係会社株式	1,630,728	1,584,792
出資金	726	726
長期前払い費用	24,479	14,638
前払い年金費用	769,305	681,700
長期預金	6,700,000	4,000,000
その他	71,521	68,408
貸倒引当金	△8,340	△8,340
投資その他の資産合計	30,633,798	28,467,971

（出所）　2022年度　養命酒製造有価証券報告書より筆者作成

　つまり，200億円を超える「投資有価証券」は「投資目的以外」で「中長期的に企業価値の向上に資する」ものとして保有されているということになります。言い換えれば，取引先との関係性の維持や強化を目的として株式を保有しているという解釈になります。取引先も1つのステークホルダーとして重要であることは言うまでもありませんが，売上規模の2倍以

5章 老舗企業のROICツリー 79

上の資金を投じる必要があるのかという点では，議論の余地がありそうです。もちろん，現金とは異なる形で資産を保持しておくという考え方もあるでしょう。しかしながら，上場企業における資産の効率性という点では，説得力に欠けるように思います。

同社は「投資目的以外」の株式しか保有しておらず，純粋な配当目的で保有している有価証券はない，としています。「投資目的以外」の目的とは具体的にどういうものなのでしょうか？　養命酒製造においては，大きく3つの目的に分けられています。①「財務基盤の確保を踏まえた関係強化」，②「食品または医療分野における取引・協力関係の構築」，③「流通や販売における取引・協力関係の維持・強化」です。ここで気になるのは，①「財務基盤の確保を踏まえた関係強化」の目的です。養命酒製造は長期借入金がほとんどない，いわゆる無借金経営の会社です。金融機関と株式を持ち合う必要性は極めて低いと考えられますが，銀行などの金融機関や生命保険会社の株式が約38億円あります（図表5-11）。

図表5-11　**養命酒製造の安定的な財務基盤確保のための保有株式（2022年度）**

保有銘柄	金額（千円）
㈱三菱UFJフィナンシャルグループ	2,080,763
㈱T&Dホールディングス	506,740
㈱八十二銀行	701,219
MS＆ADホールディングス㈱	271,328
㈱三井住友フィナンシャルグループ	203,973
㈱ふくおかフィナンシャルグループ	94,955
合計	3,858,978

（出所）　2022年度　養命酒製造有価証券報告書より筆者作成

また，養命酒製造の「現金及び預金」の残高を確認すると，直近5年の数値からは，多少の増減はあるものの70億円程度の規模を維持できていま

すので，事業規模から考えると安定的な財務基盤を有しているといえるでしょう（図表5-12）。まとめます。養命酒製造には事業規模を大幅に上回る多くの持ち合い株（投資その他の資産）があり，当然ながらそれは図表5-4でみた低ROICに表れています。同社は，資産の活用においては工夫の余地があるといえそうです。

図表5-12　養命酒製造の「現金及び預金」の期末残高（百万円）

2018年度	2019年度	2020年度	2021年度	2022年度
7,119	6,594	8,135	5,892	8,933

（出所）　各年度　養命酒製造有価証券報告書より筆者作成

　これまで説明してきたように，ROICの分子は「営業利益」で分母は投下資本である「固定資産＋運転資本」です。固定資産は「有形固定資産」「無形固定資産」と「投資その他の資産」に分けられます。ここで気をつけるべきことは，投下資本を構成する「投資その他の資産」が生む利益は，分子の「営業利益」に含まれず，受取利息や配当金に代表される「営業外収益（金融収益）」にカウントされることです（図表5-13）。

図表5-13　投下資本別のリターン（利益）の計上先

投下資本の内訳	リターンの計上先
有形固定資産	営業利益
無形固定資産	
運転資本	
投資その他の資産	受取利息・配当金（営業外収益）

　繰り返しになりますが，営業利益の源泉は「有形固定資産」「無形固定資産」と「運転資本」です。一般的なROICの枠組みでは「投資その他の資産」は分母を増やす一方で，分子の「営業利益」は増やしません。よっ

て「投資その他の資産」が増えれば増えるほどROICは低下するのです。ただし，だからといって投資その他の資産が常に「悪」であるわけではありません。投資活動が十分なリターンを得ていればROICがいくらになろうが問題にならないのですが，養命酒製造の場合はどのような状況でしょう。資産活用の状況をより具体的に確認していきます。

図表５-14では，養命酒製造が本業（事業資産：有形固定資産＋無形固定資産＋運転資本）を通して生み出しているリターン（営業利益）から確認してみます。「投資その他の資産」を除いた投下資本で計算した2022年度のROICは9.1％でした。「投資その他の資産」を含むROICは2.6％ですので6.5ポイントも異なり，大分印象が変わってきます。養命酒製造の本業は十分稼いでいるといえそうです。

図表5-14 養命酒製造「投資その他の資産」を除いたROIC（百万円）

	2019年度	2020年度	2021年度	2022年度
営業利益	598	648	996	1,077
投下資本（①～④の合計）	36,887	38,481	42,488	40,347
有形固定資産①	8,027	8,080	7,954	7,961
無形固定資産②	190	136	142	164
投資その他の資産③	24,692	26,437	30,633	28,467
運転資本④	3,978	3,828	3,759	3,755
投下資本（除く投資その他の資産）	12,195	12,044	11,855	11,880
ROIC（除く投資その他の資産ベース）	5.0%	5.3%	8.3%	9.1%
（参考）ROIC（未調整）	1.6%	1.7%	2.5%	2.6%

（出所）　各年度　養命酒製造有価証券報告書より筆者作成

次に，「投資その他の資産」から生み出されるリターンを図表５-15で確認します。まず2022年度の金額をみると約285億円あり，それによってもたらされている配当金は約４億円です。直近４年間のインカムゲイン（利

率）の幅は1.2〜1.3％となっています。事業からのリターンと「投資その他の資産」からのリターンを比較すると，事業に投資をした方が7倍のリターンを得られることになります。

図表5-15 養命酒製造で「投資その他の資産」から生み出される利益 （百万円）

	2019年度	2020年度	2021年度	2022年度
受取利息・配当金	335	337	348	394
投資その他の資産	24,692	26,437	30,633	28,467
利率（％）	1.4%	1.3%	1.1%	1.4%

4年の平均 1.3%

（出所）　各年度　養命酒製造有価証券報告書より筆者作成

これら分析の重要な示唆は，「『投資その他の資産』は本業へ投下し直し，利益を生み出す源泉とすべき」ではないでしょうか。仮に2022年度における「投資その他の資産」28,467百万円が，本業に投下された場合，ROICはどのくらいになるか，シミュレーションをしてみます。「投資その他の資産」が「有形固定資産」，「無形固定資産」，「運転資本」に化けるだけなので，投下資本の額は変わりません。一方で本業に投下された28,467百万円から9.1％（正確には9.075％），2,581百万円の営業利益が追加され，既存の1,077百万円と合わせて3,658百万円の営業利益が見込まれます。そして，その場合のROICは約8.8％になります（図表5-16）。

もちろん，分析結果は机上の空論にすぎません。個別で精査すると，さ

図表5-16 「投資その他の資産」を本業に投下した場合の期待ROIC （百万円）

	2019年度	2020年度	2021年度	2022年度
営業利益	598	648	996	1,077
見込まれる営業増益額	1,211	1,422	2,574	2,581
（期待）ROIC	4.9%	5.5%	8.8%	8.8%

（出所）　各年度　養命酒製造有価証券報告書より筆者作成

まざまな理由で保有し続けなければならない株式等もあることでしょう。今は種まきの段階でいずれ大化けする投資があるのかもしれません。ただし，中には惰性で放置されている案件も少なくないと筆者はみています。図表5-11で示した金融機関の株式保有はその最たるものでしょう。このような断ち切れないしがらみを多く抱えているように見えるところも，伝統企業の特徴と考えています。

5.5　森下仁丹の「投資その他の資産」から ROICの改善策を考える

　続いて森下仁丹の「投資その他の資産回転率」についても見てみます。こちらも近年は下落傾向にあります。養命酒製造と同じく貸借対照表の「投資その他の資産」が影響しており，こちらもそのほとんどが「投資有価証券」です。金額規模は直近で41億円強となっています。近年，保有する有価証券の時価が増えたことが，結果的に森下仁丹の資産効率を下げることになっています。つまり，保有している株式の時価総額の変動により資本効率性が左右され，ひいてはROICの数字にもそれが影響しているという状況が起きています。

　もちろん，保有する有価証券から十分な配当を得ているのであれば問題ありません。しかし，森下仁丹の場合も「投資その他の資産」が生み出すインカムゲインは，本業のリターンに及びません。そこで，仮に養命酒製造と同様に「投資その他の資産」が本業に投下された場合のROICを計算してみたところ，2022年度7.4％と試算されました（図表5-17）。ROICを指標にするということは，資本効率を高めて本業で稼ぐことを意識することに他なりません。そのことをこの森下仁丹の事例からも感じ取っていた

	2019年度	2020年度	2021年度	2022年度
営業利益	453	223	299	569
投下資本（①〜④の合計）	10,859	10,837	11,135	12,174
有形固定資産①	4,903	4,734	4,474	4,461
無形固定資産②	317	389	458	353
投資その他の資産③	2,908	3,211	3,288	4,142
運転資本④	2,731	2,503	2,915	3,218
投下資本 （除く投資その他の資産）	7,951	7,626	7,847	8,032
ROIC （投資その他資産が本業に投下）	5.7%	2.9%	3.9%	7.4%
ROIC（未調整）	4.2%	2.1%	2.7%	4.9%

図表5-17　森下仁丹のROIC改善シミュレーション（百万円）

（出所）　各年度　養命酒製造有価証券報告書より筆者作成

だけるのではないでしょうか。

　老舗企業には「身の丈経営」が特徴としてみられます（帝国データバンク2022）。分析した2社は有利子負債が少ないこと（養命酒製造は長期借入金ゼロ），また，経営資源を効率よく集中させるのではなく，分散することでより堅実な経営を意識しているように見えます。本業に劣るとはいえ両社とも投資有価証券から継続的に収入を得ていますし，養命酒製造は2013年にソーラー事業に参入し毎年2億〜4億円程度の収入を得ています。信用と堅実性，そして進取の気性をもって，時代に振り回され過ぎない経営を続ける，そこに長寿の極意があるのかもしれません。老舗企業は，「継承」することを重視することで，持続可能な企業であり続けることを実践し続けてきたパイオニアでもあります。

　とはいえ，昨今の市場においては，成長投資か株主還元かと迫られたり，資産の効率性やキャッシュアロケーションを求められたりするケースもあり，上場している以上，こういった株主の声を無視するわけにもいかないのが現状です。また企業が株主から求められることも変化してきています。

そういった状況の中で，長年培われた知恵や哲学をもって，老舗企業はこれからの時代をどのように生き抜いていこうとされているのでしょうか。引き続き注目してまいりましょう。

図表5-18 養命酒製造と森下仁丹のROICツリー（10年間）

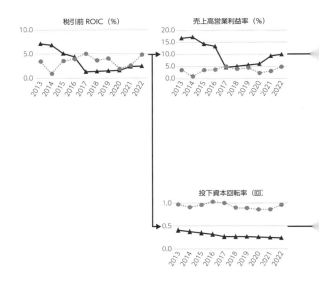

5章 老舗企業のROICツリー 87

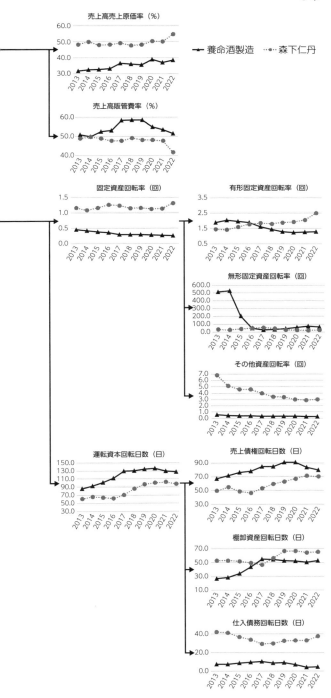

6章

アクティビスト・ファンドと
ROICツリー

6.1 日本のアクティビスト・ファンド

　アクティビスト・ファンドとは，投資ファンドの１種です。投資家から集めた資金を元手に上場企業の株式をある割合取得し，大株主となったうえで投資先の経営改善や資本政策の是正といった株主アクティビズムを行います。働きかけの結果株価が上昇すれば，その株式を売却してリターンを得ます。近年，アクティビスト・ファンドの活動が，日本で再び本格化してきています。図表６−１は日本で活動しているアクティビスト・ファンド数を示します。アイ・アールジャパンホールディングスによると2023年末時点のファンド数は70で，この10年で急増していることがわかります。

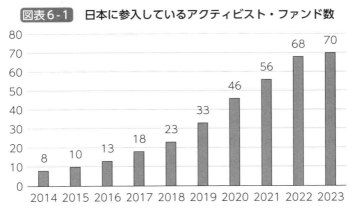

図表６−１　日本に参入しているアクティビスト・ファンド数

（出所）　アイ・アールジャパンホールディングス2023年度第３四半期決算説明会資料

　菊地（2020）によると日本では過去に２度株主アクティビズムのブームと呼べる時期がありました。第１期は1980年後半のバブル期で，コーリン産業，コスモポリタン，ブーン・ピケンズ氏らが株式の買占めを行いました。当時はアクティビズムという用語がなく，彼らは専ら仕手集団と呼ば

れました。第2期は2000年代半ばの，村上ファンドやスティール・パートナーズらの活動に代表されます。彼らは株式市場に激震をもたらしましたが，2006年に村上世彰氏が逮捕（インサイダー取引の容疑）され，2014年にスティール・パートナーズが撤退することで終わりを告げます。

　過去2度のブームでは，アクティビストは一貫して「ハゲタカ」「市場の厄介者」でした。しかし第3期の現在，アクティビスト・ファンドは単なる厄介者ではなく，これまでとは違った存在として株式市場で認識されつつあります。この変化には2つの指針が関係しています。1つは2014年のスチュワードシップ（Stewardship）・コードです。スチュワードシップとは他人から預かった資産などを管理する責任の意で，スチュワードシップ・コードでは，機関投資家が個々の投資家から委託された資産を運用管理するにあたり，果たすべき責任，守るべきルールが規定されています。2つ目は2015年のコーポレートガバナンス・コードです。コーポレートガバナンスとは「地域社会等の立場を踏まえた上で，透明・公正かつ迅速・果断な意思決定を行うための仕組み」（日本公認会計士協会）を意味し，コーポレートガバナンス・コードでは，「実効的なコーポレートガバナンスの実現に資する主要な原則」（東証HP）が取りまとめられています。

　コーポレートガバナンス・コードによって，上場企業はアクティビスト・ファンドを無条件に遠ざけることができなくなりました。またスチュワードシップ・コードによって，機関投資家は企業側の主張とアクティビスト・ファンド側の主張のどちらに理があるか，慎重に判断する責任を負うこととなったのです。アクティビストのターゲットとなった企業はその後財務的にどのような影響を受けたのか，ROICツリーで追跡することが可能です。本章ではアクティビスト・ファンドであるストラテジック・キャピタルの投資対象となった，システムインテグレーター（SI）企業アイネスの事例をご紹介します（図表6-2）。

6章 アクティビスト・ファンドとROICツリー **93**

図表6-2 **アイネスの会社概要**

企業名	株式会社アイネス
設立	1964年7月
上場	1987年2月
業種名	情報・通信業
本社	東京都中央区日本橋蛎殻町1-38-11
従業員数（2024年3月）	1,350名（連結）
売上（2024年3月期）	405億57百万円（連結）

(出所) 会社四季報 2024年夏号

6.2 ストラテジック・キャピタルの株主アクティビズム

　ストラテジック・キャピタルの資料によると，同ファンドは2012年12月からアイネスに対する投資を開始しました。2014年には160万株（5.01％）の大量保有報告書が提出され投資が明るみとなります。なお2015年3月に持株の47万株は売却され，また2023年時点では同ファンドHPで「過去の投資銘柄」とされていることから全株が売却されていると思われます。

　同ファンドの主張の一端が株主総会の質疑等で明らかになっています。2013年6月の株主総会では，以下の6点が主張されました。

- アイネスの株価はPBR（株価純資産倍率）0.49倍と株価は非常に割安な状況
- 主要な機関投資家には社長が対応して欲しい
- アイネスは，資産を持ち過ぎ。千代田区三番町に66億円でビルを取得している。何故，取得する必要があるのか
- アイネスは無借金で，なお約130億円の現金同等物を保有している。配当性向を100％として欲しい。本社ビル取得ではなく，自社株買い

を行うべき
- 日立ソリューションの持株比率は議決権ベースでも4.9%まで減少した。しかし，役員候補8名中5名が日立グループ出身
- 社外役員候補は日立ソリューションの方で，本当に独立性があるのか

（出所）　ストラテジック・キャピタルHPより筆者作成

　ストラテジック・キャピタルの行動は2014年6月の株主総会でさらに激しくなりました。同ファンドは会社予想16円から25円への大幅増配を株主として提案しました。会社側としては，以上のような大きな揺さぶりがあった中，アイネスのROICはどのように変化をみせたでしょうか。

　図表6－3は2010年度から2022年度にかけての，アイネスのROICを示しています。比較対象として売上高が近い独立系SI2社（シーイーシー，NSW）も同時に記載しました。なお，ストラテジック・キャピタルの投資は2011年度（2012年12月）から始まっています。

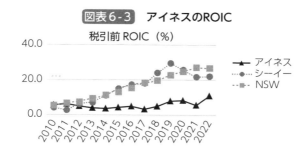

6.3　アクティビスト投資直前のアイネス

　2010年度のROICは5.9％でした。これはシーイーシー（4.1％），NSW

（5.6%）と同等の水準です。ROICを売上高営業利益率と投下資本回転率に分解すると，アイネスの特徴は売上高営業利益率の高さ（6.4%）です。類似2社の倍の水準です。一方で，投下資本回転率（0.92回）は他社より劣ります（図表6-4）。

図表6-4　ROICの分解

2010年度

	ROIC		売上高営業利益率		投下資本回転率
アイネス	5.9%	=	6.4%	×	0.92
シーイーシー	4.1%	=	3.0%	×	1.40
NSW	5.6%	=	3.3%	×	1.69

アイネスと2社との違いは何によるものなのでしょうか。第一にビジネスの内容が異なれば，ROICの内訳も異なる可能性があります。そこで，会社四季報を用いて3社の特色と売上構成を確認してみます（図表6-5）。これを見ると，顧客層こそ異なるものの，ビジネス自体は専業のSIであると判定できます。よって，この時点のアイネスは同業よりもサービスを高

図表6-5　3社の事業概要

	特色	売上構成比
アイネス	独立系SI。自治体向け総合行政情報システム『ウェブリングス(WR)』に強み。三菱総研と提携。	システム開発40，運用34，システム保守12，情報機器販売3，他10
シーイーシー	独立系SI。トヨタグループなど優良顧客の情報活用ツールに実績。組み込みソフト開発も強い。	デジタルインダストリー34，サービスインテグレーション66
NSW	独立系SI。システム開発に加え，組み込みソフトや半導体設計に強み。IoT・AIに注力。	エンタープライズSOL36，サービスSOL25，エンベデッドSOL20，デバイスSOL19

（出所）　会社四季報2024年夏号

く売る（か安く作る）ことはできているものの，投下資産の活用面で非効率さがあったとわかります。そこで投下資産の何が効率を下げていたのかを見ていきましょう。

2010年度における投下資本回転率を固定資産回転率と運転資本回転日数に分解すると，アイネスの低い投下資本回転率は，相対的に低い固定資産回転率と長い運転資本回転日数の双方からもたらされていることがわかります（図表6-6）。

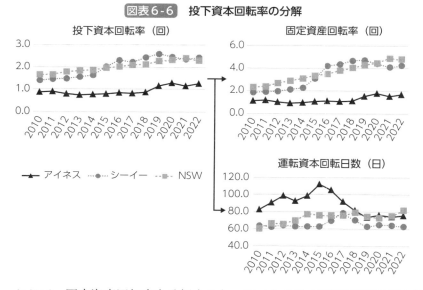

ここで，固定資産回転率を分解すると，アイネスは有形固定資産回転率と投資その他の資産回転率に課題がありそうな印象を受けます。有形固定資産回転率は1.6回，投資その他の資産の回転率は6.5回であり，NSWの半分の水準です。アイネスは手持ちの有形固定資産を上手に売上につなげられておらず，また投資活動も収益にもつながっていなかったと判定できます（図表6-7）。

6章 アクティビスト・ファンドとROICツリー　97

図表6-7　固定資産回転率の分解

2010年度

	固定資産回転率		有形固定資産回転率		無形固定資産回転率		投資その他の資産回転率
アイネス	1.2	=	1.6	+	11.9	+	6.5
シーイーシー	1.9	=	2.5	+	43.2	+	10.2
NSW	2.4	=	3.1	+	106.8	+	12.5

（注）　逆数にして足すと一致する

　当時，アイネスの有形固定資産額は214億円でした。売上規模が同じであるシーイーシー，NSWと比べると過大に見えます。有形固定資産の内訳をみると日立グループの時代から受け継いでいる自社施設であるとわかります。赤坂本社，（旧）本社，高津営業所の主要3事業所で144億円が投下されていました（図表6-8）。

　アイネスはさらに2013年度，91億円をかけて東京都千代田区で新本社ビルを取得します。

図表6-8　アイネスの有形固定資産（2010年度時点）（百万円）

	有形固定資産		建物及び構築物	工具，器具及び備品	土地	
アイネス	21,204	赤坂本社	575	214	1,839	主要3事業所で144億円の有形固定資産
シーイーシー	16,481	（旧）本社	4,169	250	4,443	
NSW	8,124	高津営業所	1,102	259	1,608	
		その他	3,184	349	3,211	
		合計	9,030	1,072	11,101	

（出所）　各社の有価証券報告書

　アイネスの運転資本を，3つの構成要素に分解したところ，売上債権回転日数が96日と同業2社と比べ，1ヶ月程度長く，これが全体の回転日数に影響を与えていることがわかります（図表6-9）。地方自治体向けのビジネスが多いためと推測できます。公的事業につき回収への懸念はほぼあ

りませんが、代わりに資本効率を損ねることとなっているため、別のところでカバーする必要があります。

図表6-9　アイネスの運転資本（2010年度）

	運転資本回転日数		売上債権回転日数		棚卸資産回転日数		仕入債務回転日数
アイネス	91.5		96.0		12.1		16.6
シーイーシー	63.0	＝	69.6	＋	4.5	−	11.2
NSW	66.8		77.2		9.1		19.4

　ROICツリー分析では企業の現預金は投下資本に含まれず、余剰資金として扱われます。アイネスは2011年度末153億円の現預金を保有していました。一方で借入金はゼロです。3社のビジネス内容と事業規模がほぼ同じであることを考えると、同社は過大な現預金を有すると受け取られても仕方がない状況であったとみられます（図表6-10）。

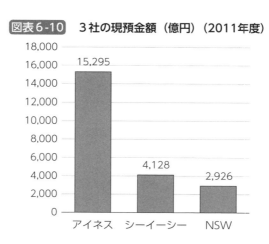

図表6-10　3社の現預金額（億円）（2011年度）

以上を総合すると，アイネスは2010〜11年度時点で

- システムを高く売ることはできているが，投下資本の利用効率が悪い
- 投下資本利用効率の悪い理由は，投下資本額が多いこと
- 投下資本の半分近くが事業所用不動産
- 総資産の約4分の1を占める過大な現預金
- 運転資本の効率も同業に比べて劣る

という状況でした。このため同社のPBRは0.49倍と，解散価値である1倍を大きく下回っていたのです。

6.4　アクティビスト投資後のアイネス

　2012年10月にストラテジック・キャピタルの投資を受けた後，アイネスのROICはどのように推移したでしょう。実はROICは投資後（2011年度）から2017年度ごろまで横ばいで推移します。同業2社が飛躍したのとは対照的な結果です。株主アクティビストのターゲットとなった企業では，経営陣がその対応に追われるため，本業自体は停滞するという指摘があります。同社もそのような状況であったのかもしれません。ROIC伸び悩みの主因は売上高営業利益率です。ただし2022年度は営業利益額が前期比倍増したことで9％に達しています。2021年度の落ち込みは，会社によると一時的な費用計上があったためとのことで，それを除けば直近5年は上昇傾向にあったといえます。ようやく経営が落ち着いたためでしょうか。一方で，投下資本回転率はストラテジック・キャピタルの投資以後概ね一貫して向上しています（図表6-11）。

　投下資本回転率の改善は何がもたらしたのでしょうか，顕著な変化を2点紹介します。1点目は有形固定資産回転率の急上昇です。2018年度を境

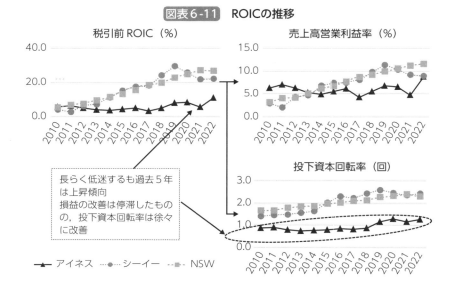

図表6-11 ROICの推移

に大きく変動しています。有形固定資産回転率は分子の売上高が増加するか，分母の有形固定資産が減ることによって上昇します。過去5年間，売上高の変動は軽微であり，有形固定資産の減少が効いています。図表6-12の右側は有形固定資産に関するキャッシュフロー（CF）を示しています。下に伸びるグラフが取得による支出，上に伸びる斜線が売却による収入を表しますが，2014年度よりアイネスは有形固定資産を売却しはじめた

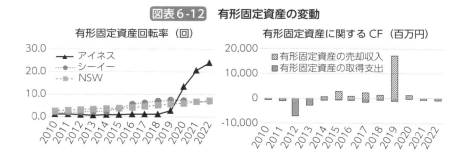

図表6-12 有形固定資産の変動

ことがわかります。

　図表 6 -13はアイネスが売却した主な有形固定資産を示しています。本章の冒頭で紹介した 3 施設ならびに2013年度に取得したばかりの新本社までもが，2019年度までに売却されました。図表 6 -12右図の2019年度で極端に多い正のＣＦが観測されますが，この取引が現れたものです。過去の自社ビル志向からの大転換です。同社の有形固定資産は最も多かった2013年度の29,901百万円から2022年度は1,600百万円に激減しています。なんと95％の減少です。SI事業者が都心の高価な自社ビルに見合った利益を挙げることは，他社をみても難しそうでしたが，極端ともいえる一連の不動産の売却によって，同社の有形固定資産回転率は同業 2 社を圧倒する水準になっています。アクティビストもこの点はびっくりしたのではないでしょうか。

図表6-13　アイネスが売却した有形固定資産

年度	事業所名	簿価（百万円）
2014年度	赤坂オフィス （旧赤坂本社）	2,316
2017年度	川崎事業所 （旧高津事業所）	2,723
2019年度	新本社	8,206
	横浜事業所（旧本社）	9,010
	独身寮 2 棟	2,652
2020年度	幕張事業所	853

　ただし，投下資本回転率は有形固定資産回転率の上昇分ほど改善していません。これはなぜでしょうか。その要因は大きく 2 つあります。いずれも売却代金の向け先に関係があるのです。まずは投資有価証券の増加です。キャッシュフロー計算書を見ると，有形固定資産の売却にやや遅れて，アイネスが投資有価証券の取得を積極的に行っていることがわかります。

2020年度は93億円分です。この投資有価証券とは何か，おそらく新規成長事業に対するM&A投資とみられます。同社の「2021中期経営計画」では，既存事業は安定継続させる一方で，三菱総研との協業事業投資と攻めのM&Aを行うことが明記されています。詳細は不明ですが，自社ビル売却代金の一部はこれら資金に回されました。

図表6-14　アイネスの資産売却と投資の推移（百万円）

年度	2014	2015	2016	2017	2018	2019	2020
有形固定資産の売却による収入	640	2,812	823	2,245	1,250	17,202	1,159
投資有価証券の取得による支出	-299	0	-424	-452	-123	-3,280	-9,390

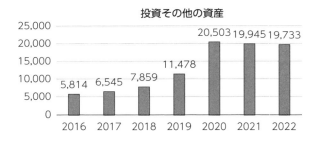

このため，同社の投資その他の資産額がこの10年，特に2020年度以降急増しています（図表6-14）。投資その他の資産の収益は営業外の金融収益として会計処理されることが一般的です。一方，1章で解説しましたがROICの分子は営業利益です。仮にその投資が高収益をもたらしたとしても，一般的なROICツリーでは観測できないことを留意しておきましょう。ROICツリーは有用ですが万能ではありません。ROAやROEなど他の財務指標と組み合わせて分析することが大事です。

最終的に，投下資本の構成はアクティビスト・ファンドが株主となる前と後でどのように変わったでしょうか。図表6-15は投下資本の構成を表したものです。アクティビストが入る前は214億円もあった有形固定資産

は16億円，代わりに54億円だった投資その他資産が197億円に増加しています。また，投下資本全体は11％ほど減少しています。この間売上高は2割ほど増加しているため，投下資本は大幅にスリム化されたといえるでしょう。

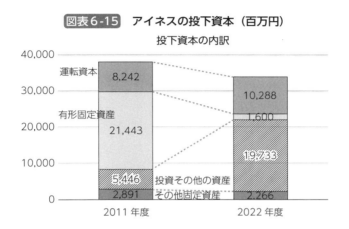

図表6-15　アイネスの投下資本（百万円）

　もう1つアクティビストが要求していたのが，株主還元です。キャッシュフロー計算書を見ると，アイネスが配当金の支払いを増やしていることがわかります。加えて，90億円程度を「持っておくべき現金」とし，戦略M&Aを行ってなお残る余剰現金は自社株買いに充てている様子もうかがえます。株主還元に関しても極めて積極的であるといえるでしょう。

　この特徴は，同業2社と比べても明らかです。図表6-16は配当と自社株買いを合わせた総還元性向の推移を示しますが，アイネスが自社株買いを行うことで極端に総還元性向を高めていることがうかがえます。アクティビストのプレッシャーが影響したのかもしれません。なお，原資の多くは前述の有形固定資産の売却で得た資金と目されるため，株主還元は投下資本を減らす方向で作用しています。

図表6-16　アイネスの株主還元政策（百万円）

年度	2011	2012	2013	2014	2015	2016	2017	2018	2019	2020	2021	2022
配当金の支払額	-609	-651	-511	-671	-499	-438	-522	-534	-712	-949	-1,053	-831
自己株式の純増減額	0	-6,200	-1	-2	-4,378	-2,433	-1	-3,057	-2	-2	-4,569	-1
現金及び現金同等物の期末残高	20,805	11,278	8,171	8,278	6,036	9,726	10,026	8,706	21,014	10,368	9,731	9,162

（注）ここでいう総還元性向とは，配当額＋自社株取得額のことである

　これらの変動で最終的にもたらされたROICを見てみましょう（図表6-17）。2022年度，アイネスのROICは11.5％です。これは2010年度と比べると6ポイントの増加です。内訳をみると売上高営業利益率は直近5年間の

図表6-17　SI 3社のROICの変遷

2010年度

	ROIC		売上高営業利益率		投下資本回転率
アイネス	5.9%	=	6.4%	×	0.92
シーイーシー	4.1%	=	3.0%	×	1.40
NSW	5.6%	=	3.3%	×	1.69

2022年度

	ROIC		売上高営業利益率		投下資本回転率
アイネス	11.5%	=	9.0%	×	1.29
シーイーシー	20.3%	=	9.1%	×	2.24
NSW	27.1%	=	11.7%	×	2.32

収益性改善が効き9％，そして有形固定資産の売却を進め投下資本を減らした結果，投下資本回転率は1.29回となりました。

最後に，株価水準の変化を確認します（図表6-18）。ストラテジック・キャピタルが投資した2012年10月ごろのPBRは0.49倍でしたが，2023年8月現在で0.93倍です。数値では倍になりましたが，引き続き解散価値である1倍を下回っています。同業2社と比べると安定しているといえなくもないですが，低空飛行ともいえます。この理由は断定できませんが，仮説としてはROICの水準が今もなお相対的に低いこと，とりわけ投下資本回転率の数値が低いことにあるのではないかと推定します。この原稿を書いている2023年8月，折しも村上ファンドの流れをくむ，エフィッシモ・キャピタル・マネジメントがアイネス株式を大量保有（6％）していることが明らかになりました。同社の経営陣は更なるプレッシャーを感じることになるかもしれません。2012年以降，アイネスがそれ以前よりは格段に株主を意識した経営を行ってきたことは明らかですが，それでもなお足りないということなのでしょうか。同社の事例は，株主アクティビストを含む株式市場から評価を得ることの難しさも示しているといえるでしょう。

図表6-18　SI 3社のPBRの推移

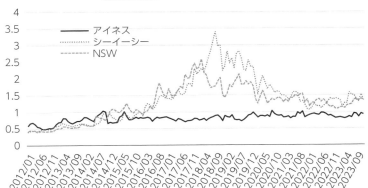

図表6-19 アイネスのROICツリー

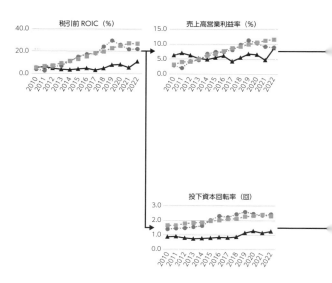

6章 アクティビスト・ファンドとROICツリー 107

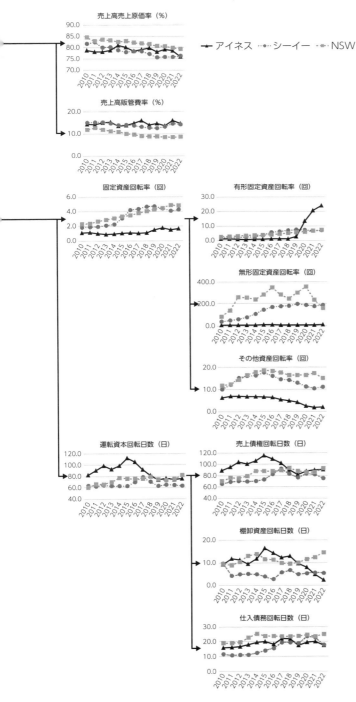

7 章

国際会計基準とROIC

7.1 IFRSの概要と国内会計基準との違い

　この章では国内会計基準であった企業がIFRSへと転換した場合のROIC
への影響をみていきます。「会計基準」とは，企業が財務報告書を作成す
る際に従うべきガイドラインです。20世紀までは概ね世界各国が独自の会
計方針のもと基準を定めており，それに基づいて財務報告書が作成されて
きました。日本でも国内の会計慣習に沿って会計基準は形成されてきまし
た。しかし，国際的な資本市場の拡大に伴い，会計基準が異なることによ
る，国同士の財務諸表の比較が困難になる問題が浮上してきました。この
問題に対処するため，国際的に統一された会計基準を必要とする声が高ま
り，その1つとして国際財務報告基準（International Financial Reporting
Standards：IFRS）が策定されました。

　IFRSは2005年から欧州連合（EU）の上場企業に対し義務付けられ，
オーストラリアをはじめ他の国々でも採用されています。多くの先進国や
新興国で，会計基準としての地位を確立しはじめているのです。アメリカ
と日本はそれぞれの国独自の会計基準を維持しておりIFRSを直接採用し
ているわけではありません。しかしながら，両国はIFRSを作成する国際
会計基準審議会（IASB）と協力し，自国の会計基準とIFRSとの差異を縮
小する方向で動いています。中長期的には，アメリカと日本の会計基準も
IFRSへの統合が進む方向にあるといえるでしょう。

　IFRSは日本の会計基準と比較していくつかの顕著な特徴を持っていま
す。その中でも特に重要なのが「原則主義」と「資産負債アプローチ」の
2つです（日本公認会計士協会，2010）。原則主義では会計基準は基本的
な原則を設定し，具体的な取引処理や集計方法については各企業の裁量に
委ねられています。この結果，IFRSを採用する企業はどのように特定の

取引を処理したかを注記として明記する必要があります。もう1つの重要な特徴、資産負債アプローチでは、資産、負債の定義が重要視され、それらの「当期と前期との差額のうち出資者との取引を除く部分を包括利益として認識」します。その他、監査法人トーマツがとりまとめた『表解IFRS・日本・米国基準の徹底比較』を参照して、両者の違いを整理した表を図表7-1に示します。

図表7-1 IFRSと日本基準との差異

	IFRS	日本基準	主な差違・備考
連結財務諸表の構成	• 連結財政状態計算書 • 連結純損益およびその他の包括利益計算書 • 連結持分変動計算書 • 連結キャッシュ・フロー計算書 • 注記 • 比較情報	• 連結貸借対照表 • 連結損益計算書および連結包括利益計算書 • 連結株主資本等変動計算書 • 連結キャッシュ・フロー計算書 • 連結附属明細書 • 注記 • 比較情報	IFRSでは計算書の名称について、基準書に記載されている以外の名称も使用することができる。
財務諸表の表示	• 最低限の要求事項を示しており、特定の様式は規定していない。 • 重要性を判断するための数値基準は設けられていない。	• 財務諸表等規則、連結財務諸表規則、会社計算規則において、表示項目に対する具体的な規定やひな型があり、数値基準も設けている。	IFRSでは最低限の要求事項のみが規定される一方、日本基準は具体的な規定やひな型がある。
流動・非流動の区分	• 流動性に基づく表示のほうが信頼性があり目的適合性の高い情報を提供する場合を除き、資産および負債は流動・非流動に区分。	• 資産および負債は、正常営業循環基準および貸借対照表日から1年以内および1年超で決済、回収されるか否かにより、流動・固定が区分。	実質的な差異はない。
段階損益の表示	• 純損益、その他の包括利益の合計、当期の包括利益を表示しなければならないが、それ以外の段階	• 売上総利益（損失）、営業利益（損失）、経常利益（損失）、税金等調整前当期純利益（損失）を	日本基準では必ず営業利益が表示されるが、IFRSでは表示されない場合がある。

	損益の表示に関する規定はない。	段階損益として表示する。	
費用の分類と表示	• 純損益に認識した費用の分析を，費用の性質または機能に基づく分類のうち信頼性が高く目的適合性がより高い情報を提供する方を用いて表示。 • 費用を機能的に分類した場合は，減価償却費，償却費，従業員給付費用などの費用の内容に関して，追加情報を開示。	• 費用は原則として機能別に分類され，売上原価，販売費及び一般管理費，営業外費用，特別損失に分類して表示する。	日本基準では機能別に分類されるが，IFRSでは性質別または機能別のどちらもあり得る。
のれんの認識	取得企業は，取得企業が従来保有していた被取得企業の資本持分の取得日の公正価値の合計額が，IFRS 3に従って測定した，取得した識別可能な資産および引き受けた負債の取得日における正味の金額を超過する額を，取得日ののれんとして認識しなければならない。	取得原価が，受け入れた資産および引き受けた負債に配分された純額を上回る場合，その超過額をのれんとして会計処理する。	のれんの概念自体について，著しい差異はない。
のれんの事後測定	取得企業は，のれん取得日時点で認識した金額から，減損損失累計額を控除して測定する。のれんの減損については，IAS36に従って会計処理を行う。	のれんは資産に計上し，20年以内のその効果の及ぶ期間にわたって，定額法その他の合理的な方法により規則的に償却する。	IFRSではのれんを償却する規定なし。日本基準では規則的な償却を義務付け。

（出所）『表解IFRS・日本・米国基準の徹底比較』，監査法人トーマツ，pp.46-51，170-173より筆者抜粋

　日本におけるIFRS（国際財務報告基準）の採用状況について，2023年6月時点での概要は図表7-2のとおりです。まず，日本ではIFRSの採用を法的に強制する規則は設けられていません。しかし，2010年3月期からは日本の企業が連結財務諸表の作成にIFRSを採用することが可能になりました。この変更により日本電波工業を筆頭に多くの企業がIFRSの採用を開始しました。2023年6月現在で，IFRSを適用している日本企業の数は

254社に達し、さらにIFRSの採用を決定している企業が20社あり、合計で274社がIFRSを採用しています。

この状況は、日本における国際会計基準への移行が進行中であることを示しています。IFRSの採用は、グローバルな資本市場での透明性と比較可能性を高めるために重要です。日本企業にとっても、国際的なビジネス環境での競争力を維持するために有益な選択となります。ただし、IFRSの採用は企業にとって大きな変更を伴うため、その適用には慎重な計画と準備が必要とされています。

図表7-2　IFRS適用会社数の推移（各年6月末時点）

（出所）日本取引所グループ：IFRS適用済・適用決定会社一覧

7.2　IFRS導入のROICへの影響

　ここからはIFRS導入がROICツリーへ与える影響をみていきます。企業がIFRSを初めて適用する際には，適用年度の財務諸表だけでなく，「原則として，その変更を過年度に遡及して適用すること」（IAS第8号第19項）が求められます。この際「過年度の影響を測定することが実務上不可能であるときは，可能な限り最も古い期の期首，もしくは最も古い日付から，新たな会計方針を適用すること」（IAS第8号第24，25項）も認められており，実務上は適用年度の前年度末（すなわち適用年度の期初）までの1年間遡る企業が多いようです。例えば，2021年度に国内基準からIFRSに移行する企業の場合，1期前の2020年度の財務諸表はIFRS基準で再作成されます。このプロセスは，財務諸表の読者が会計基準変更による財務状況の変化を適切に理解し，分析するために重要です。これにより財務諸表の連続性が保たれ，時系列での比較しやすさが向上するためです。ただ企業にとって，かなりの労力とリソースが必要となることは必至です。IFRSへの移行は，十分な計画と準備，そして適切な専門知識が必要とされる重要なプロジェクトとなります。

　この遡及作業は，IFRSと国内会計基準の違いを分析したい我々にとっても極めて有用です。過去の財務諸表もIFRSで再作成されれば，もともとあった国内会計基準の財務諸表と横並びで比較できるからです。本章では京都市に本社を構える日本新薬を取り上げ，IFRS導入によってROICツリーがどのように変化したかをまとめてみました。同社は2021年度よりIFRSに移行しましたが，この際，2020年度の財務諸表は遡及してIFRS基準により再作成しています。一方，2020年度末時点では国内基準の財務諸表を公表しているため，2020年度は2つの会計基準で作られた財務諸表が

図表7-3	日本新薬の会社概要
企業名	日本新薬株式会社
設立	1919年11月
上場	1949年6月
業種名	医薬品
本社	京都市南区吉祥院西ノ庄門口町14
従業員数（2024年3月）	2,212名（連結）
売上（2024年3月期）	1,482億55百万円（連結）

(出所)　会社四季報2024年夏号

存在しています。この両者を比較しました。

　会社概要は図表7-3のとおりです。同社は，医薬品事業と機能食品事業の2つの事業を展開しています。医薬品事業では泌尿器科，血液内科，難病・希少疾患，婦人科を中心として治療ニーズが満たされていない疾患領域を主なターゲットに，研究開発を推進しています。また機能食品事業では製薬企業としての高い技術力を生かし，健康食品素材，品質安定保存剤，プロテイン製剤，サプリメントを中心として，市場ニーズに応える高付加価値製品を提供しています。

7.3　損益計算書の相違点

　まず損益計算書の両会計基準での違いを見ていきます（図表7-4）。いずれも連結損益計算書と表示されており，それぞれ2020年度の日本新薬の実績値が記載されています。違いは冒頭から現れます。IFRSでは「売上高」を「売上収益」と表記しています。金額もコンマ何％ですが異なっています。「売上原価」は共通するものの，金額が異なります。差は約1％で決して少なくありません。棚卸資産や売上債権の評価方法が違うためと

図表7-4 日本新薬の連結損益計算書の違い（2020年度）（百万円）

国内会計基準		IFRS		コメント
勘定科目名	金額	勘定科目名	金額	
売上高	121,885	売上収益	121,859	科目名が異なる，微妙に金額も異なる
売上原価	49,954	売上原価	49,306	棚卸資産や売上債権の計上基準相違のためか
売上総利益	71,931	売上総利益	72,553	
販売費及び一般管理費				
研究開発費	16,104	研究開発費	16,155	ほぼ同じ
給料及び手当	10,211	販売費及び一般管理費	29,394	国内基準での販売費及び一般管理費と意味が異なる
賞与引当金繰入額	2,094			
退職給付費用	521			
減価償却費	374			
販売促進費	4,979			
その他	11,510	その他の収益	865	金融収益以外の営業外収益は販管費に含む
販売費及び一般管理費合計	45,796	その他の費用	665	金融費用以外の営業外費用は販管費に含む
営業利益	26,134	営業利益	27,202	金融収益以外の営業外収支を含む
営業外収益				
受取賃貸料	470			
投資有価証券売却益	0			
為替差益	192			
その他	132			
受取利息	21	金融収益	531	受取利息，受取配当金の合計と一致
受取配当金	510			
営業外収益合計	1,326			
営業外費用				
支払利息	2	金融費用	126	支払利息とは大きく乖離
寄付金	364			その他の費用で処理されている科目も多数
為替差損	0			
賃貸費用	140			
その他	193			
営業外費用合計	701			
経常利益	26,760			経常利益はない
特別利益				
固定資産売却益	62			
投資有価証券売却益	1,936			連結包括利益計算書で反映
特別利益合計	1,998			
税金等調整前当期純利益	28,759	税引前利益	27,608	
法人税，住民税及び事業税	8,821			
法人税等調整額	-783			
法人税等合計	8,038	法人所得税費用	8,049	ほぼ同じ
当期純利益	20,721	当期利益	19,559	

思われます。このため「売上総利益」はIFRS版が59.5％で国内版（59.0％）を0.5ポイント上回ります。

　「販売費及び一般管理費」には思わぬ違いがありました。国内会計基準で「販売費及び一般管理費」というと，一般的に売上原価を除く営業費用全部を示します。営業マンの人件費，研究開発費，広告宣伝費，減価償却

費，賃借料等々の合計値です。一方で，IFRSでの「販売費及び一般管理費」は異なります。IFRSでは「販売費」と「一般管理費」という個々の勘定科目があって，その金額が標記されています。「研究開発費」は販売費及び一般管理費に含まれません。また，国内基準では営業外収益，営業外費用と認識される科目もIFRSでは営業損益に含まれます。例えば，同社が遊休土地で駐車場経営をしている場合，その賃借料は「その他の収益」，自動精算機のレンタル料は「その他の費用」となり，営業利益の構成要素となります。

　この違いは注意が必要です。なぜなら皆さんが「販売費及び一般管理費」比率を複数社横断的に比較する場合，サンプルに国内会計基準とIFRSが混じっていると根本的な間違いをするおそれがあるためです。今回の日本新薬の場合，国内会計基準では37.6％ですが，IFRSでは24.1％と計算できてしまいます。同じ会社の同じ会計期なのにです。こんなことなら科目名自体を一新してくれたら良いのにと思いますが，現状こうなっている以上，仕方ありません。会計基準が違うと同じ単語でも意味が異なるかもしれないと覚えておきましょう。

　IFRSでも金融収益・費用は営業外で認識します。国内基準の受取利息21＋受取配当金510が，IFRSの金融収益531と完全に一致しました。一方，国内基準の支払利息2に対しIFRSの金融費用は126です。金融費用には，利息以外の費用も計上するようです。金融収益・費用以外の営業外収益がないためでしょうが，IFRSで経常利益はありません。

　その他の大きな違いとして，国内基準では投資有価証券の売却益を19億円計上していますが，IFRSにはありません。投資有価証券の売却益は包括利益計算書で反映されます。どうやら保有株式を売却し益出しして赤字脱却というような会計処理はIFRSではできないようです。当期純利益は重要株式指標「PER」の分母となるため，会計基準の違いは株式投資の判

7章　国際会計基準とROIC　119

断をする際にも影響を与えるとわかります。最後に細かなことですが，国内基準での「当期純利益」はIFRSでは「当期利益」と表記されています。

7.4　貸借対照表の相違点

連結貸借対照表（国内基準）と連結財政状態計算書（IFRS）はどのように異なるでしょうか。図表7-5は両表の左側，資産の部分を示します。比較してまずわかることは，財政状態計算書が貸借対照表に比べて大変簡素であることです。例えば，国内基準では棚卸資産は「商品及び製品」，「半製品」，「仕掛品」，「原材料及び貯蔵品」に4分類されますが，IFRSでは「棚卸資産」，以上！です。有形固定資産も合計値しか示されていません。また，IFRSには「投資その他の資産」の分類がありません。固定資産は「非流動資産」と表記されます。

表記上の大きな違いは以上のとおりですが，金額はどうでしょう。まず流動資産の各項目に大きな相違はありませんでした。IFRSの「現金及び現金同等物」は国内会計基準の「有価証券」の大部分を含みますが，分析する際にそれらを合算しておけば大きく間違えることはなさそうです。「受取手形及び売掛金」「電子記録債権」もほぼ「営業債権及びその他の債権」に相当します。棚卸資産も国内基準の4科目を合算するとほぼIFRSの金額になります。

一方，固定資産の金額は84億円ほど異なります。これは総資産（IFRSで2,054億円）の4％程度となり無視できない違いといえます。内訳を確認すると，まず有形固定資産が約50億円増加しています。有価証券報告書によると「耐用年数の見直し」を行った旨と「不動産取得税等をオンバランスした」旨が記載されていますがが，これだけで50億円も評価額が変わる

120

図表7-5 日本新薬の貸借対照表の相違（資産の部）（2020年度）（百万円）

国内会計基準 連結貸借対照表		IFRS 連結財政状態計算書		コメント
勘定科目名	金額	勘定科目名	金額	
資産の部		資産		
流動資産		流動資産		
現金及び預金	47,770	現金及び現金同等物	57,883	有価証券含めほぼ同額
有価証券	13,029	その他の金融資産	2,962	
受取手形及び売掛金	39,289	営業債権及びその他の債権	40,199	ほぼ同額
電子記録債権	508			
商品及び製品	18,292	棚卸資産	35,557	ほぼ同額
半製品	6,050			
仕掛品	890			
原材料及び貯蔵品	10,291			
その他	2,968	その他の流動資産	2,452	
貸倒引当金	0			
流動資産合計	139,090	流動資産合計	139,055	ほぼ同額
固定資産		非流動資産		
有形固定資産				
建物及び構築物（純額）	9,010			
機械装置及び運搬具（純額）	2,791			
工具，器具及び備品（純額）	1,622			
土地	7,430			
建設仮勘定	451			
有形固定資産合計	21,306	有形固定資産	26,505	耐用年数の見直しで52億円の差異
無形固定資産	677	無形資産	9,833	長期前払費用93億円が含まれる
		使用権資産	2,891	リース資産。IFRSではオンバランス
投資その他の資産				
投資有価証券	22,113	その他の金融資産	24,102	
繰延税金資産	1,518	繰延税金資産	1,134	税率の計算方法が異なる
長期前払費用	9,390			
退職給付に係る資産	621			
その他	2,310	その他の非流動資産	1,925	
投資その他の資産合計	35,954			
固定資産合計	57,937	非流動資産合計	66,391	84億円の相違。有形固定資産とリース
資産合計	197,028	資産合計	205,446	資産の差異で概ね説明可能

　ものなのだとすると「会計も使いよう」なのだと感じます。残りの30億円超は「使用権資産」で概ね説明できます。いわゆるリース資産で約28億円がIFRSでは計上されています。リース資産・負債の不完全な処理は国内会計基準の大きな問題点であるため，IFRS移行によって日本新薬の貸借対照表はより実態に近づいたといえるでしょう。

　貸借対照表の右側に移ります（図表7-6）。まず表現上の違いとして，国内会計基準の「固定負債」は「非流動負債」となり，「純資産の部」は

7章　国際会計基準とROIC　121

図表7-6　日本新薬の貸借対照表の相違（負債及び資本の部）（2020年度）（百万円）

国内会計基準 連結貸借対照表		IFRS 連結財政状態計算書		コメント
勘定科目名	金額	勘定科目名	金額	
負債の部		負債		
流動負債		流動負債		
支払手形及び買掛金	9,543	営業債務及びその他の債務	18,062	支払手形及び買掛金＋未払金
未払金	8,131	契約負債	1,343	未払費用→契約負債
未払費用	1,367	その他の金融負債	343	
		リース負債	1,458	IFRSではオンバランス
未払法人税等	6,679	未払法人所得税	6,619	
未払消費税等	582	その他の流動負債	6,371	未払費用，賞与引当金，未払消
賞与引当金	3,096			費税はその他流動負債に含む
その他	2,114			
流動負債合計	31,514	流動負債合計	34,198	
固定負債		非流動負債		
繰延税金負債	0	その他の金融負債	241	
		リース負債	1,383	IFRSではすべてオンバランス
退職給付に係る負債	2,646	退職給付に係る負債	6,090	認識・測定の差違が約30億円
その他	324	その他の非流動負債	82	
固定負債合計	2,970	非流動負債合計	7,797	
負債合計	34,485	負債合計	41,996	
純資産の部		資本		
株主資本				
資本金	5,174	資本金	5,174	
資本剰余金	4,445	資本剰余金	4,445	
利益剰余金	147,391	利益剰余金	146,796	
自己株式	-2,476	自己株式	-2,476	
		その他の資本の構成要素	9,221	
株主資本合計	154,535	親会社の所有者に帰属する持分合計	163,161	
その他の包括利益累計額				
その他有価証券評価差額金	8,911			
繰延ヘッジ損益	11			
為替換算調整勘定	-96			
退職給付に係る調整累計額合計	-1,107			
その他の包括利益累計額合計	7,719			その他の資本の構成要素に
非支配株主持分	288	非支配持分	288	
純資産合計	162,543	資本合計	163,449	
負債純資産合計	197,028	負債及び資本合計	205,446	

　「資本」になります。金額は細かな違いが多岐にわたっており，1つひと
つを詳述するのはこの本の趣旨と合いません。よって，ざっくりと2点の
みご紹介します。1点目ですが，IFRSでは「リース負債」が計上されます。
これはリース資産（使用権資産）を計上した裏返しになります。差額84億
円のうち28億円がこの科目で説明できます。2点目は退職給付に係る負債
です。IFRSでは23億円ほど負債額が増えている計算になります。積み立

て不足をより厳格に認識したのかもしれません。

7.5　日本新薬のROICツリー

　ここまでの会計基準の違いを踏まえて，いよいよ日本新薬のROICツリーを描いてみることとします（図表7-7）。2020年度，国内会計基準に基づく同社のROICは22.2％，IFRSでは21.4％でした。実のところ，筆者は会計基準の変更によりROICツリーは大幅に変化するのではないかと予想していました。しかし，結果をみると，それほどは変わらないのだと感じます。

　IFRSへの移行によりROICは0.8ポイント低下しています。分解すると，まず売上高営業利益率は21.4％→22.3％へと高まっています。売上高原価率が0.5ポイント，売上高販管費率は0.4ポイントIFRS基準だと低くなります。ただし，IFRSにおける「販売費及び一般管理費」は国内会計基準のそれとは別物なので補正が必要です。補正をしなければ24.1％と計算され，判断を誤ってしまうでしょう。投下資本回転率は1.03→0.96回へと悪化してみえます。それぞれの売上の額はほとんど変わらないので，悪化は投下資本額が増えたことによるとわかります。IFRS移行によりリース資産が投下資本に加算されるようなりました。また，今回の事例の場合，有形固定資産の金額が50億円程度増えています。このため固定資産回転率が悪化したように見え，これが投下資本回転率の押し下げにつながっています。

　固定資産回転率は，これまで「有形固定資産」「無形固定資産」「投資その他の資産」に分解してきました。しかし，IFRSでは投資その他の資産がありません。また，無形資産は無形固定資産とは全く異なるものでした。このためIFRS採用企業の固定資産の分解は注意を要します。本章では固定資産を有形固定資産とそれ以外の固定資産（便宜上，非有形固定資産と

呼びます）に分解してみました。IFRS移行による有形固定資産の再評価で，有形固定資産回転率が1.2回分減少しています。

運転資本回転日数はほとんど変化なしです。ただし買入債務回転日数の計算方法について注意が必要です。日本新薬のIFRSにおける財政状態計算書では，「仕入債務」に係る勘定は「営業債務及びその他の債務」で集計されています。一方国内基準では「支払手形及び買掛金」と純粋に「仕入債務」のみが表記されています。ここの統一が必要です。

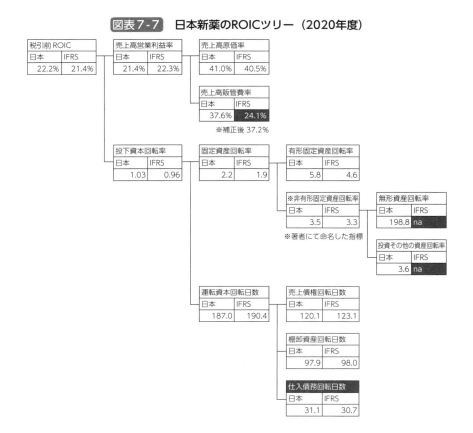

図表7-7 日本新薬のROICツリー（2020年度）

IFRSでの「営業債務及びその他の債務」の内訳は，有価証券報告書の注記に記載されています。ここで合計額を「支払手形及び買掛金」「未払金」に分離することができるので，「支払手形及び買掛金」の数値（2020年度では約103億円）を用いることとします。このように会計基準が異なる場合，何らかの補正や追加チェックが不可欠となることを覚えておきましょう。

　この章では，IFRSへの会計基準の移行がROICツリーに与える影響と，分析にあたってのポイントを解説してきました。IFRSになるといくつかの事項が国内会計基準から大幅に変更されます。このため，国内基準の企業とIFRSの企業とを横並びで比較する場合，さまざまな補正が必要になることを理解しておきましょう。

8 章

粉飾決算が
ROICツリーにもたらす影響

8章　粉飾決算がROICツリーにもたらす影響　127

　本章では前章までとはガラッと内容を変え，粉飾決算がROICツリーに
もたらす影響を確認することとします。粉飾決算というと第一には利益の
かさ上げが想定されます。つまりROICはより高い数値に偽装されるわけ
ですが，ROICツリーを用いると何の要素がどの程度操作されることで粉
飾後のROICへとつながっているかが明らかにできます。そこで世間を揺
るがした「カネボウ」を題材とし，粉飾前と粉飾後のROICツリーを比較
することで，粉飾決算の見える化を試みました。

8.1　長期間，粉飾によりゆがめられていた決算

　ROICツリーの説明に入る前に，カネボウの粉飾決算の概要について記
します。同社の粉飾の詳細は，例えば亀岡（2011）で詳述されており参考
になります。以下，亀岡（2011）によると，2005年4月13日，当時のカネ
ボウの会長である中島章義氏が会見し，旧経営陣が1999年度から2003年度
に不適切な会計処理で粉飾決算を行った事実を発表しました。同期間の決
算について訂正報告書が提出され，黒字としていた決算は赤字と正されま
した。訂正報告以前である1995年度から1998年度の4期も連続赤字となっ
ており，結果として9期連続の赤字・債務超過であったことが明らかと
なったのです。驚くのは5年間もの長期間粉飾決算をしていたにもかかわ
らず，一切明るみに出なかったことです。
　この事件は，旧経営陣の3名が証券取引法違反の容疑で逮捕されただけ
でなく，同社の会計監査を行った公認会計士4人までもが逮捕されるとい
う未曽有の不祥事として関係者の記憶に残ることとなります。公認会計士
らが所属する中央青山監査法人は当時日本最大手の規模であったものの，
この事件をきっかけに解散へと進んでいきます。

なお，本書は粉飾のプロセス自体を学ぶことを目的としておらず，粉飾が財務指標に与える数的なインパクトを可視化したいと考えています。そこでまず，訂正報告書での決算の訂正内容に着目したところ，主な粉飾内容は，以下のとおりと判明しました。

- 売り上げの過大計上と経費の過小計上による粉飾が280億円
- 取引先の羽毛メーカー「興洋染織」など不採算関連会社を連結対象から外し，同社への押し込み販売に関する売上債権等回収見込みがない660億円を粉飾
- 長期滞留在庫の損失未処理が1,210億円

（出所）　2005/ 4 /14付け日経金融新聞並びに同社訂正有価証券報告書

8.2　ROICから紐解く粉飾決算

図表 8 - 1 はカネボウの1997年度から2005年度のROICの推移です。点線が粉飾中の推移，実線が粉飾を発表し訂正を施した後の推移を示します。

まず「税引前ROIC」を見てみると，不適切な会計処理を施していた1999年度から2003年度でギャップがあることがわかります。1999年度から2002年度の数値を比較すると，例えば1999年度は本来6.3％であるべきところ，7.8％となっています。訂正前と訂正後のギャップが最も大きいのは2001年度で，2.5ポイント（訂正前4.9％，訂正後2.4％）の差が生じています。

2 本のROICツリーの変遷を見ていると 2 点の興味深い事象に気づきます。 1 点目は，2003年度のROICが－9.2％と大幅赤字となっていることです。これは，2003年度の時点でカネボウの粉飾がこれ以上隠しきれない状況になっていたことが背景にあると考えられます。実際，2004年 1 月 7 日に同社は「債権取り立て不能のおそれに関するお知らせ」にて興洋染織に対する552億円の貸倒損失を公表します（亀岡，2011）。公表までの1999年度から2002年度までに，売上の過大計上と経費の過小計上が積み重ねられ，

8章 粉飾決算がROICツリーにもたらす影響 129

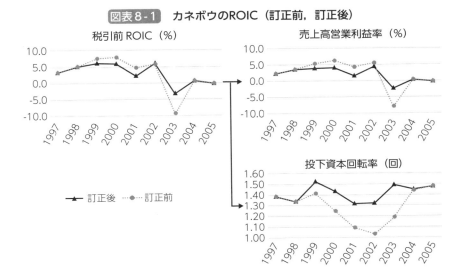

図表8-1 カネボウのROIC（訂正前，訂正後）

訂正前

	1999年度	2000年度	2001年度	2002年度	2003年度
（税引前）ROIC	7.8%	8.2%	4.9%	5.9%	-9.2%
	‖	‖	‖	‖	‖
売上高営業利益率	5.5%	6.5%	4.5%	5.7%	-7.7%
	×	×	×	×	×
投下資本回転率（回）	1.42	1.25	1.10	1.04	1.20

訂正後

	1999年度	2000年度	2001年度	2002年度	2003年度
（税引前）ROIC	6.3%	6.2%	2.4%	6.3%	-3.1%
	‖	‖	‖	‖	‖
売上高営業利益率	4.1%	4.3%	1.8%	4.8%	-2.1%
	×	×	×	×	×
投下資本回転率（回）	1.53	1.44	1.32	1.33	1.50

売上高営業利益率の年度累計で粉飾は7ポイント以上となりました（図表8-1表の訂正前と訂正後の差を合計）。なお同社が2005年に訂正報告書を提出した際に，2003年度に一括計上した損失は過去5年に振り分けられる

こととなります（2005/4/14付け日経金融新聞）。

　2点目は，2002年度は粉飾時のROICの方が低いことです。粉飾決算は総じて業績を良く見せるために行われます（節税目的などでわざと業績を悪く見せる「逆粉飾」もあるようですが）。カネボウも黒字を装って債務超過でないように見せていました。ではなぜ，ROICは図表8-1に示すように低く見えるのでしょう。ROICを売上高営業利益率と投下資本回転率に分解すると，売上高営業利益率は，訂正前＞訂正後です。しかしながら2002年度の投下資本回転率は訂正前：1.04回，訂正後1.33回と訂正前の方が悪く（非効率と）出ています。投下資本回転率に要因がありそうです。投下資本回転率は売上高÷投下資本で計算されます。実はこの時の売上高を見るとほぼ変動がありません。一方で，訂正前の同社の投下資本は5,000億円，訂正後は3,900億円と過大な差がありました（図表8-2）。つまり，粉飾決算時には投下資本が増えるため，投下資本回転率は悪化するのです。

図表8-2　カネボウの投下資本回転率

2002年度

	投下資本回転率		売上高		投下資本
訂正前	1.04	=	518,240	÷	500,033
訂正後	1.33	=	518,375	÷	390,296

　では，なぜ粉飾をすると投下資本回転率が悪化するのでしょうか。ROICツリーはその答えを明確に示してくれます。投下資本回転率は固定資産回転率と運転資本回転日数に分解できます（図表8-3）。カネボウの事例では，固定資産回転率は訂正前後で大きく変化しているようには見えません。一方で，運転資本回転日数は1999年度以降，実態とは大きく乖離していったことがわかります。

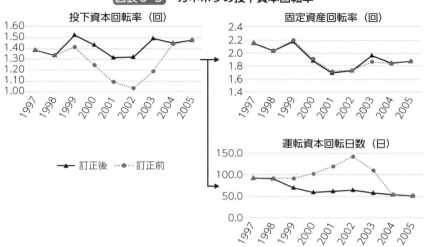

図表8-3 カネボウの投下資本回転率

運転資本回転率をさらに3分解したところ（図表8-4），「売上債権回転日数」は粉飾が本格化しはじめた1999年度から悪化しています。つまり，架空の売上や債権の回収遅れ，回収の見込みのない売上があったとみられます。また，「棚卸資産回転日数」も1999年度より悪化していますが，こちらは「長期滞留在庫の損失未処理」に該当するとみられます。仕入債務回転日数は長期化しています。それぞれの合算により運転資本回転日数は2002年度には最長の142日となっています。

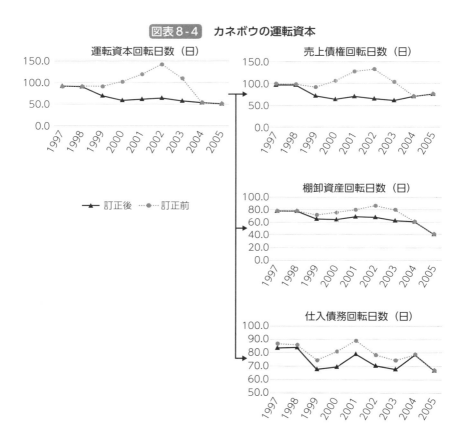

8.3 粉飾発見ツールとしてのROICツリー

　都井（2018）によると粉飾決算のパターンは，1.「費用の過小計上，資産の過大計上」，2.「費用の過小計上，負債の過小計上」，3.「収益の過大計上，資産の過大計上」，4.「収益の過大計上，負債の過小計上」の4パターンによる，「利益の過大計上」または，「純資産の過大計上」とのことです。カネボウのケースでは①「売り上げの過大計上と経費の過小計上による粉

飾」，②「経営支援をしていた取引先の羽毛メーカー「興洋染織」など不採算関連会社を連結対象から外したこと」，③「長期滞留在庫の損失未処理」が指摘されました。①「売り上げの過大計上と経費の過小計上による粉飾」と③「長期滞留在庫の損失未処理」は都井（2018）が指摘する粉飾の典型パターンです。また，①と③は，②「経営支援をしていた取引先の羽毛メーカー「興洋染織」など不採算関連会社を連結対象から外したこと」から可能になりました。

　カネボウの事例から1つ言えることは，「粉飾はいずれ発覚する」ということでしょう。経営者達は先送りを図ったものの，おおもとの原因が国内繊維産業の成熟にあったため，時間が問題を解決することはありませんでした。一方で，本書はROICツリー解説書です。筆者は「粉飾決算でROICツリーがどれだけ歪むか見てみたい」という動機でこの分析を企図しましたが，加えて「ROICツリーが粉飾発見のツールになるかも」という淡い期待も持っていました。結果として，カネボウでのROICツリー分析は，粉飾を行う企業で露呈する会計上の矛盾をある程度，検出したように思います。例えば，

- 損益が好転する一方，投下資本の回転率は悪化している
- 固定資産の回転率は変わらない一方，運転資金が増えている
- 売上規模や事業内容は変わらないのに，売上債権や棚卸資産が増えている

などです。いずれも事後の答え合わせに過ぎないといわれれば，それまでです。ただ，皆さんが投資家や取引先の立場であれば，できる分析は行ってリスクを回避したいと考えるのではないでしょうか。ROICツリーは公開情報を用いており，多少の手間さえかければ誰でも作成できるものです。

ROICツリーには，粉飾発見ツールという意外な活用法もありました。

あとがき

　本書を最後までお読みいただき，ありがとうございます。この1冊を通じて，ROICとROICツリーの概念についての理解を深めていただけたことを願っています。それぞれの章で紹介した分析手法や事例が，実際のビジネスシーンで直接活用されることで，皆さんの効果的な意思決定に寄与することを期待しています。

　ROICツリーは単なる数字の羅列ではなく，企業がどのように価値を創造し，持続可能な成長を達成しているかを見極めるための重要なツールです。この指標を使用することで，経営の質とその進化を定量的に評価することが可能になります。本書が提供する分析フレームワークを活用して，皆さんの企業や興味のある業界についてより深い洞察を得られることを期待しています。

　この本は，編著者の野瀬が同志社大学大学院ビジネス研究科で行ってきた「ビジネス会計学」と「ビジネスファイナンス」の講義に基づいています。共著者は同研究科の現役社会人大学院生たちで，この書籍は彼らのビジネススクールでの学びの成果でもあります。鋭い分析結果をお楽しみいただけたでしょうか。

　最後に，この本が単なる読み物に留まらず，実際のビジネス現場で新たな試みや改善に役立つことを願っています。ROICツリーは強力な分析ツールであり，その活用が皆さんのビジネス発展の一助となることを期待しております。

本書は，同志社大学大学院ビジネス研究科オムロン基金より出版費補助を受けました。ここに記しお礼申し上げます。

2025年1月

野瀬　義明

参考文献

はしがき

三洋化成工業「新中期経営計画2025」https://www.sanyo-chemical.co.jp/wp/wp-content/uploads/2023/06/tyukei2025.pdf

村田製作所「中期方針2024」https://corporate.murata.com/ja-jp/company/business-strategy/mid-term-policy

オムロン「Shaping The Future 2030」https://www.omron.com/jp/ja/sf2030/

1章

松永博樹，伊藤学『P/Lだけじゃない事業ポートフォリオ改革 ROIC超入門』日本能率協会マネジメントセンター，2021年

KPMG FAS，あずさ監査法人『ROIC経営: 稼ぐ力の創造と戦略的対話』日経BP，2017年

KPMG FAS，あずさ監査法人『ROIC経営 実践編 事業ポートフォリオの組換えと企業価値向上』日経BP，2022年

田中慎一，保田隆明『コーポレートファイナンス 戦略と実践』ダイヤモンド社，2019年

田中慎一，保田隆明『あわせて学ぶ会計＆ファイナンス入門講座』ダイヤモンド社，2013年

2章

Tesla "Quarterly Disclosure" https://ir.tesla.com/#quarterly-disclosure

トヨタ自動車「有価証券報告書・四半期報告書」https://global.toyota/jp/ir/library/securities-report/?padid=ag478_from_header_menu

「テスラ vs.トヨタ 最強自動車メーカーはどっちだ？」『週刊東洋経済』東洋経済新報社，2020年10月10日号

「テスラ襲う資源高，アルミなど高騰，インフレ響く，販売好調も価格戦略に影，1年で1万ドル値上げ。」『日本経済新聞』日本経済新聞社，2022年4月4日朝刊，5面

「革新の手，止めないテスラ」『日本経済新聞』日本経済新聞社，2023年8月31日朝刊，6面

「製造業で異例の「運転資金不要」 テスラ，積極投資の源泉に，生産革新でトヨタ猛追」『日本経済新聞』日本経済新聞社，2022年6月23日朝刊，16面

3章

村田製作所「有価証券報告書」https://corporate.murata.com/ja-jp/ir/library/financial

ニデック「有価証券報告書・四半期報告書」https://www.nidec.com/jp/ir/library/reports/

村田製作所「国際財務報告基準（IFRS）の任意適用による影響」https://corporate.murata.com/ja-jp/newsroom/news/irnews/irnews/2022/1125a

「日本電産，電動アクスルの先手必勝」『日経産業新聞』日本経済新聞社，2022年10月20日，16面

「日本電産，賃金3割増宣言，「7S」の整合性満たす第一歩」（ビジネススキルを学ぶ）『日経産業新聞』日本経済新聞社，2022年11月26日，2面

4章

経済産業省製造産業局素材産業課「化学産業の現状と課題」，2021年

経済産業省商務情報政策局「半導体・デジタル産業戦略」，2023年

Alex Tullo, "C&EN's Global Top 50 chemical firms for 2021". *C&EN CHEMICAL ENGINEERING NEWS*, 99(27).27-33, 2021.

Alex Tullo, "C&EN's Global Top 50 chemical firms for 2022". *C&EN CHEMICAL ENGINEERING NEWS*, 100(26).36-43, 2022.

Alex Tullo, "C&EN's Global Top 50 chemical firms for 2023". *C&EN CHEMICAL ENGINEERING NEWS*, 101(24).20-30, 2023

信越化学「有価証券報告書・四半期報告書」https://www.shinetsu.co.jp/jp/ir/ir-data/ir-securities/

レゾナック「有価証券報告書・四半期報告書」https://www.resonac.com/jp/ir/library/financial.html

信越化学「用途から検索！信越化学の製品事典 」https://www.shinetsu.co.jp/jp/ir/individual/products05/

「CFPを解説 製品の総CO2排出を計算，原料調達から廃棄まで」『日経産業新聞』日本経済新聞社，2023年7月29日，9面

「記者の目「長期契約」奔走，次の一手は」『日経産業新聞』日本経済新聞社，2019年8月22日，3面

「信越化学 純利益70％増」『日本経済新聞』日本経済新聞社，2022年1月28日朝刊，19面

「相場感磨き攻めの経営」『日本経済新聞』日本経済新聞社，2023年1月6日朝刊，13面

「信越化学が磨く「少数精鋭経営」」『日本経済新聞』日本経済新聞社，2021年8月31日朝刊，15面

「昭和電工，独自の事業買収」『日本経済新聞』日本経済新聞社，2016年10月21日朝刊，12面
「黒鉛電極，事業再編の可能性は」『日経産業新聞』日本経済新聞社，2016年5月16日，2面
「昭和電工，営業益2.3倍」『日本経済新聞』日本経済新聞社，2019年2月5日朝刊，16面

5章
養命酒製造「有価証券報告書・四半期報告書」https://www.yomeishu.co.jp/ir/library/securitiesreport.html
森下仁丹「有価証券報告書」https://www.jintan.co.jp/corp/ir/library/securities/
東洋経済新報社『会社四季報　2023年夏号』東洋経済新報社，2023年
帝国データバンク「全国「老舗企業」分析調査」https://www.tdb.co.jp/report/watching/press/pdf/p221003.pdf，2022年
森下仁丹「森下仁丹百年物語」https://www.jintan.co.jp/special/museum/story/index01.html
帝国データバンク「老舗2万6千社に学ぶ生き残る企業の条件〜地域・財務傾向〜（tdb-college.com）」，2016年
帝国データバンク「特別企画：「100年経営企業」アンケート調査」，2022年

6章
アイネス「有価証券報告書」https://www.ines.co.jp/ir/securities.html
シーイーシー「有価証券報告書」https://www.cec-ltd.co.jp/ir/financial/
NSW「IRライブラリ 有価証券報告書」https://www.nsw.co.jp/ir/finance/fi_yuho.html
アイ・アールジャパン「決算説明資料」https://www.irjapan.jp/ir_info/library/presentation.html
菊地正俊『アクティビストの衝撃—変革を迫る投資家の影響力』中央経済社，2020年
ストラテジック・キャピタル「株主提案 アイネス」https://stracap.jp/ines

7章
あずさ監査法人IFRSアドバイザリー室『新・IFRSのしくみ（すらすら図解）』中央経済社，2016年
秋葉賢一『エッセンシャルIFRS〈第7版〉』中央経済社，2022年
有限責任監査法人トーマツ『表解 IFRS・日本・米国基準の徹底比較』中央経済社，2021年

西山茂『「専門家」以外の人のための決算書&ファイナンスの教科書』東洋経済新報社，2019年

日本新薬「決算関連資料」https://www.nippon-shinyaku.co.jp/ir/ir_library/kessan joho.php

大橋慶子「会計基準のグローバルスタンダードIFRSとは Vol.1」『GLOBIS 知見録』 https://globis.jp/article/7957/

大橋慶子「IFRSと日本基準—財務諸表，損益計算書の違いVol.3」『GLOBIS 知見録』 https://globis.jp/article/8011/

大橋慶子「IFRSと日本基準—貸借対照表の違いVol.4」『GLOBIS 知見録』https://globis.jp/article/8130/

大橋慶子「IFRSと日本基準—キャッシュフロー計算書の違いVol.5」『GLOBIS 知見録』 https://globis.jp/article/8212/

株式会社日本取引所グループ「IFRS（国際財務報告基準）への対応」https://www.jpx.co.jp/equities/improvements/ifrs/02.html

日本公認会計士協会「正しく知りたいIFRS」https://www.cpa-seiren.jp/aim/pdf/ifrs.pdf. 2010年

8章

カネボウ「有価証券報告書」

「カネボウ，決算粉飾，連結ルールの穴悪用—重み増す外部監視」『日経金融新聞』日本経済新聞社，2005年4月14日，1面

「カネボウ粉飾2000億円，99—03年度，過去最大規模に—旧経営陣刑事告発へ」『日本経済新聞』，2005年4月13日朝刊，1面

「カネボウ，粉飾2150億円公表—揺れた1年，過去との決別」『日経産業新聞』2005年4月14日，24面

都井清史『粉飾決算企業で学ぶ 実践「財務三表」の見方』金融財政事情研究会，2018年

亀岡恵理子「カネボウ粉飾決算の構図と連結子会社基準の変更」『早稲田大学産業経営研究所 産業経営』48，pp.43-60，2011年

武田雄治「カネボウ 2,150億円の粉飾決算！」『CFO LIBRARY』http://www.cfolibrary.jp/column/disclosure/4577/

（原則として掲載順）

索 引

英字

CO_2	50
IASB	111
IFRS	37, 111
M&A	iii, 36, 59, 60, 64, 102
Mission	36
PBR	93, 105
PER	118
ROA	i, ii
ROE	i, ii, 63
Vision	37

あ行

アイネス	93
アクティビスト	iii
アクティビスト・ファンド	91
1円稟議	40
イノベーション	72
売上原価	8
売上債権	4, 5, 10, 11
売上債権回転日数	10, 15
売上高営業利益率	7, 8, 12, 13
売上高原価率	8, 13
売上高販管費率	8, 13
運転資金	6
運転資本	4, 5, 9, 10, 11
運転資本回転日数	10, 14, 15
運転資本回転率	9
営業債権及びその他の債権	119
塩化ビニル樹脂	55

か行

カーボンニュートラル	49
カーボンフットプリント	51
海外売上比率	60
会計基準	111
改正酒造法	74
化学工業	49
カネボウ	127
株式時価総額	21
株式市場	105
カプセル技術	72
株主	4
株主アクティビスト	iii
株主アクティビズム	91
株主還元	103
ギガキャスティング	26
ギガファクトリー	26, 28, 32
逆粉飾	130
キャッシュフロー	100
金融事業	28
経営指標	35, 38
経営方針	37
原価低減活動	39
原則主義	111
コア・コンピタンス	36
構造改革	39
高付加価値製品	39
興洋染織	128
小売価格	26
コーポレートガバナンス・コード	92
黒鉛電極	59

国際会計基準 ····························· iii
固定資産 ···························· 4, 5, 9
固定資産回転率 ·················· 9, 14

さ行

債権者 ··································· 4
債務超過 ······························ 127
仕入債務 ····················· 4, 5, 10, 11
仕入債務回転日数 ················ 10, 15
事業資産 ······························· 81
事業ポートフォリオ ················ 64
自己資本比率 ························· 63
資産負債アプローチ ················ 111
自社株買い ···························· 103
自社施設 ······························· 97
システムインテグレーター ········· 92
老舗企業 ······························· 71
老舗製造業 ···························· iii
ジャスト・イン・タイム生産システム ···· 30
社是 ···································· 35
純資産 ······························· 5, 6
使用権資産 ···························· 120
商品開発 ······························· 71
ジョブローテーション ·············· 56
信越化学 ······························· 52
新型コロナウイルス ················ 59
スイッチングコスト ················ 56
スチュワードシップ・コード ········· 92
スティール・パートナーズ ········· 92
成長戦略 ······························· iii
税引後営業利益 ······················ 6
税引前ROIC ······················ 7, 12
精密部品製造業 ······················ 42
セグメント ···························· 35
セルフ・メディケーション ········· 71

全取り戦略 ···························· 39
総還元性向 ···························· 103
遡及 ···································· 115
損益計算書 ·················· 3, 11, 12, 116

た行

貸借対照表 ······················ 4, 11, 12
棚卸資産 ························ 4, 5, 10, 11
棚卸資産回転日数 ················ 10, 15
多品種少量生産体制 ················ 56
地球温暖化 ···························· 49
中期経営計画 ····················· ii, 60
長期滞留在庫 ························· 131
テスラ ································ 21
投下資本 ····················· 3, 4, 5, 6, 9
投下資本回転率 ·············· 7, 8, 9, 12, 14
当期利益 ······························· 119
投資その他の資産 ················ 78, 83
投資その他の資産回転率 ·········· 9, 14
投資有価証券 ·················· 78, 83, 101
トップシェア ························· 55
トヨタ ································ 21

な行

ニデック ······························· 35
のれん ························· 37, 38, 61, 64

は行

配当性向 ······························· 93
働き方改革 ···························· 40
パッケージリニューアル ··········· 74
販管費 ································· 8
半導体シリコン ······················ 55
日立化成 ······························· 61
一人当たりの営業利益 ·············· 56

非流動資産 …………………………… 119
非流動負債 …………………………… 120
ファンド ……………………………… iii
粉飾決算 …………………………… iii, 127
米国会計基準 ………………………… 37
包括利益計算書 ……………………… 118
ポートフォリオ ……………………… 58

ま行

身の丈経営 …………………………… 84
無形固定資産回転率 ……………… 9, 14
村上ファンド ………………………… 92
村田製作所 …………………………… 35
持ち合い株 …………………………… 80

森下仁丹 ……………………………… 71

や行

有形固定資産回転率 ……………… 9, 14
有利子負債 …………………………… 5
輸送用機器製造業 …………………… 26
養命酒製造 …………………………… 71

ら行

リース資産 ………………………… 120, 122
リース負債 …………………………… 121
レゾナック …………………………… 52
連結財政状態計算書 ………………… 119

[執筆者紹介]（全員が同志社大学大学院ビジネス研究科ビジネス専攻の20期生である）

吉田　圭子（よしだ　けいこ）（3章リーダー）

大阪市出身。大学卒業後，大阪の老舗紳士服企業に入社，経理部に配属。その後，経営コンサルティング会社や不動産業界にて経営企画，人事総務，内部監査業務を経験。2020年から情報通信サービス会社で内部統制および内部監査業務に従事。祖父の教えである「人生は一生勉強」と「一期一会」を大切にしている。

田畑　勇樹（たばた　ゆうき）（4章リーダー）

大阪府出身。大学卒業後，金属加工部品を専門とする商社に入社。山陽，北陸，近畿地区において，製造業の調達支援を中心とした課題解決型の営業職として22年間従事。2023年からは総務部に所属し，企業財務に関する業務に携わっている。

山中　奈美子（やまなか　なみこ）（5章リーダー）

京都市出身。米国から帰国後，大阪の総合家電メーカーに入社。その後，教育サービスの会社で学校教育や行政受託事業に従事。現在は，人財・総務本部勤務。

大橋　正芳（おおはし　まさよし）（7章リーダー）

倉敷市出身。大学卒業後，地元岡山の都市ガス事業会社に入社，営業開発部に配属。その後，経営企画業務に従事。現在はM＆Aを行った会社に出向。モットーとしている言葉は「至誠にして動かざるもの，未だこれあらざるなり」吉田松陰。

坂上　翔太（さかがみ　しょうた）（8章リーダー）

東京都出身。成城大学経済学部卒。在学中に国家の財政危機と債務不履行（デフォルト）について研究。大学卒業後，家庭用医療機器メーカーに入社し，家電量販店やドラッグストアでのリテール営業および東北エリアの営業に6年間従事。
その後，商品事業企画部に配属され，商品企画・事業企画に取り組み，マーケテイングを通じて価値創造を推進。

［編著者紹介］

野瀬　義明（のせ　よしあき）

同志社大学大学院ビジネス研究科教授。神戸大学大学院自然科学研究科博士前期課程修了，筑波大学大学院ビジネス科学研究科博士後期課程修了。博士（経営学）。1997年大和総研入社。大和SMBCキャピタル（現大和企業投資）等を経て2016年より現職。証券経済学会理事・年報編集委員，経営財務研究編集委員。著書に『日本のバイアウトファンド』（中央経済社, 2022）などがある。

ROICツリーで読み解く経営戦略

2025年1月30日　第1版第1刷発行
2025年7月25日　第1版第4刷発行

編著者　野　瀬　義　明
発行者　山　本　　　継
発行所　㈱中　央　経　済　社
発売元　㈱中央経済グループ
　　　　　パブリッシング

〒101-0051　東京都千代田区神田神保町1-35
電話　03（3293）3371（編集代表）
　　　03（3293）3381（営業代表）
https://www.chuokeizai.co.jp
印刷／三英グラフィック・アーツ㈱
製本／侑井　上　製　本　所

Ⓒ 2025
Printed in Japan

＊頁の「欠落」や「順序違い」などがありましたらお取り替えいた
　しますので発売元までご送付ください。（送料小社負担）
ISBN978-4-502-51521-7　C3034

JCOPY〈出版者著作権管理機構委託出版物〉本書を無断で複写複製（コピー）することは，
著作権法上の例外を除き，禁じられています。本書をコピーされる場合は事前に出版者
著作権管理機構（JCOPY）の許諾を受けてください。
　JCOPY〈https://www.jcopy.or.jp　eメール：info@jcopy.or.jp〉